X 1292
B. 1.

Image de ces années de fertilité qui se distinguent par l'abondance de leurs récoltes, une même époque se signala il y a plus d'un demi-siècle par les immortels ouvrages de Buffon, par l'*Esprit des Lois* de Montesquieu, et par le *Traité des Arbres et Arbustes* de Duhamel du Monceau. Ce dernier n'eut pas moins de succès en son genre, que les autres dans le leur. Si les deux premiers ouvrages se distinguèrent comme des créations du génie dont les siècles sont avares, le troisième parut plus généralement utile ; aussi excita-t-il dans toute l'Europe beaucoup plus d'empressement pour se le rendre propre par des traductions dans toutes les langues.

Duhamel ne dissimule pas, dans sa préface, qu'il n'offre qu'un traité très-imparfait, et exprime le vœu qu'un autre remplisse le plan qu'il n'a fait qu'ébaucher. D'après la réunion qu'on avait faite de son tems, des arbres exotiques qu'on venait de naturaliser, l'agriculture et la botanique ne pouvaient qu'espérer de voir multiplier ses richesses, et il faut convenir que depuis 1755, elles ont plus que décuplé en plantes étrangeres, dont l'industrie a naturalisé une partie, et en variétés perfectionnées par la culture.

Son ouvrage était donc bien loin de remplir le but qu'il s'était proposé, et laissait à desirer que des mains habiles remplissent les lacunes considérables qui devenaient de nos jours trop sensibles.

Tel est le but que se proposa M. Etienne Michel. Il invoqua les lumieres de quelques botanistes agriculteurs, de plusieurs artistes distingués ; il trouva dans la munificence du Gouvernement quelque secours pour favoriser une aussi louable et utile entreprise ; un ministre, ami des sciences et des arts qu'il cultive avec un succès distingué, M. le sénateur Chaptal, la protégea par son crédit, et encore plus par de nombreuses souscriptions à ce bel et excellent ouvrage qui en est à sa 51e livraison.

Il m'a mis à portée de faire une observation qui ne peut qu'être très-honorable pour les éditeurs

ESSAI

SUR

LES INVERSIONS LATINES.

LES Exemplaires seront numérotés et signés par l'Auteur. Tous ceux qui ne seront point revêtus de ces formalités seront désavoués comm contrefaits, et les contrefacteurs poursuivis conformément à la loi.

ESSAI

SUR

LES INVERSIONS LATINES;

PAR M. WAMAIN,

MEMBRE DE L'UNIVERSITÉ IMPÉRIALE.

> *Ut latinè loquamur, non solùm videndum est,*
> *ut et verba efferamus ea, quæ nemo jure reprehendat:*
> *et ea sic et casibus, et temporibus, et genere, et*
> *numero conservemus, ut ne quid perturbatum ac*
> *discrepans, aut præposterum sit: sed etiam lingua,*
> *et spiritus, et vocis sonus est ipse moderandus.*
> M. TULLII CICERONIS de Oratore, lib. III.

PREMIÈRE PARTIE.

PRIX : 4 FRANCS.

PARIS;

Chez
{ LE NORMANT, Imprimeur - Libraire, rue de Seine,
n°. 8, près le Pont-des-Arts.
La veuve NYON, Libraire, place Conti.
L'AUTEUR, rue de la Tabletterie. n°. 1, au second.

JANVIER 1811.

PRÉFACE.

Il est d'usage, en publiant un ouvrage, de déclarer au public dans quel dessein il a été composé, et quel but l'on se propose. Quoique le titre de celui-ci annonce assez l'objet de mon travail, je vais faire, comme tous les autres, ma profession de foi, et tâcher, par ma franchise, de mériter l'indulgence de mes lecteurs. Je n'ai point écrit pour briller, mais pour être utile. Le désir de faciliter l'étude de la langue latine, de soulager les professeurs dans leurs fonctions, d'offrir à la jeunesse ardente, qui se consume en vains efforts, pour imiter les grands écrivains de Rome, une règle de construction simple, facile et sûre, qui peut tarir leurs larmes et doubler leurs forces; l'envie de justifier la confiance de l'Université impériale qui a daigné m'admettre au nombre de ses enfans; enfin, l'ambition de remplir mon devoir dans toute son étendue, ont pu seuls m'engager à m'embarquer sur une mer trop fertile en naufrages.

La question que je traite est trop délicate et trop épineuse, pour ne point rencontrer de nombreux contradicteurs. J'ai tâché de prévoir les objections les plus sérieuses que l'on pourroit faire contre la règle de Cicéron, que je m'efforce de ressusciter aujourd'hui ; cependant, comme je n'ai pas la vanité, ni la présomption de me croire infaillible, lors même que j'interprète le chef de la littérature latine, je profiterai de toutes les critiques judicieuses que l'on voudra bien faire de mon opuscule, étant bien déterminé à rectifier les erreurs qui ont pu m'échapper. Et il est impossible que, dans une discussion aussi grave, qui a mis en défaut nos plus habiles grammairiens, je n'en aie pas commis qui méritent d'être relevées pour l'intérêt des lettres, sans pouvoir m'en apercevoir moi-même, étant dominé par le principe général de la construction latine, que j'ai pour ainsi dire déterré, bien qu'il fût renfermé dans les œuvres du plus illustre de nos auteurs classiques. C'est donc en partie pour solliciter les observations des savans sur la plus belle question de la latinité, que je publie la moitié de mon ouvrage, qui est susceptible de plus grands développemens, et dont je n'offre au public que le simple trait, ne pouvant y mettre la dernière main que quand il sera agréé.

Il est constant, d'une part, que la langue
latine forme la base de l'enseignement public en France, et de l'autre, que les principes de ce riche idiome sont encore enveloppés de ténèbres. Tous les maîtres de
bonne foi avouent, en secret, qu'ils en
croient la tradition perdue. Dans cet état
de choses, je n'ai pas cru inutile de me
mettre à la recherche des règles de la construction latine, vulgairement appelée inversion. Je crois les avoir trouvées dans les
ouvrages du prince des orateurs. Puissé-je
être assez heureux pour n'être point le jouet
d'une illusion, et pour ne point me flatter
d'une découverte éphémère! Si je n'avois
Cicéron pour appui, je n'aurois point assez
de confiance dans mes foibles lumières,
pour annoncer un principe qui tranche
toutes les difficultés; mais peut-on s'égarer
avec un tel guide?

Dans tous les cas, je prie mes lecteurs
de ne prendre toutes mes assertions que
comme des conjectures, qui attendent,
pour avoir quelque force, la sanction des
hommes érudits. Si j'ai pris le ton affirma-
tif dans mes dialogues, c'est que ce genre
d'écrire le permettoit sans inconvénient.
D'un autre côté, j'avouerai franchement
que j'avois besoin de m'encourager moi-
même, dans une entreprise dont je mesu-

rois bien toute l'étendue et même les dangers ; que j'ai plusieurs fois abandonnée et reprise , tantôt effrayé des obstacles qui se montroient dans le lointain, tantôt ranimé par l'espoir d'en triompher.

Je dois demander grâce pour mon style, qui est sans prétention. En effet, comment un homme condamné à rebattre, du matin au soir, et tous les jours de l'année, les premiers élémens des langues grecque, latine et française, auroit-il pu acquérir cette diction heureuse et facile, cette grâce naturelle, ces tours délicats et harmonieux, ce style vif et enjoué, ces mouvemens rapides et sublimes qui distinguent les écrivains élégans et profonds de notre littérature ? C'est bien assez, pour satisfaire ses vœux, s'il écrit assez clairement pour se faire comprendre. Que les poëtes et les orateurs, qui vivent sur le Parnasse, au milieu des Muses ingénues et des arts protecteurs, cultivent avec soin les fleurs séduisantes de l'éloquence : tout les favorise, Apollon lui-même les soutient de ses regards, les pénètre de son génie. Pour nous, courbés sous le poids de nos travaux journaliers, nous ne pouvons que jeter au hasard quelques grains utiles, dans la terre que nous défrichons péniblement en l'arrosant de nos sueurs, contens de pouvoir suffire , comme les cultivateurs de nos campagnes , aux besoins les plus impérieux d'une vie obscure.

Il me reste à dire un mot de l'ouvrage même : il sera divisé en deux parties :

La première est composée de quatre dialogues , qui ont lieu entre un Comte, un Docteur et un Chevalier. Je n'avois pas le droit d'introduire dans mes conférences des personnages plus illustres. Je m'estimerai bien heureux, si j'ai pu soutenir la dignité de leur caractère.

Dans le premier dialogue , j'essaie mes forces. C'est un enfant qui , pour la première fois , marche en tremblant.

La dissertation sur les inversions ne commence réellement qu'au second dialogue, puisque le premier peut être considéré comme une espèce d'introduction. On y verra un jeune homme expliquer naïvement sa pensée sur les auteurs classiques, qui ne peuvent l'éclairer sur la raison des constructions latines qu'il voudroit bien imiter.

Le troisième dialogue offre les conjectures d'un homme qui peut se tromper, comme tous les autres , avec les meilleures intentions possibles. Il examine avec impartialité le sentiment des grammairiens et des littérateurs modernes , touchant la construction latine, et relève leurs erreurs, qui ont obscurci la question des inversions.

Enfin, dans le quatrième, un vieillard expose la doctrine des anciens. Après avoir montré la nullité de Priscien, dévoilé la funeste erreur de Quintilien, qui a dérouté tous les savans qui ont paru en Europe, depuis le renouvellement des lettres, il établit le grand précepte de Cicéron, qui contient, en peu de lignes, toutes les règles de la pure latinité.

Il faut convenir que, si le principe de latinité que j'expose dans cet Essai, est reconnu et approuvé par les professeurs de l'Université impériale, il en résultera un grand avantage pour le perfectionnement des études : premièrement, on sentira mieux les beautés des auteurs latins : les traductions en seront plus exactes et plus fidèles; secondement, nous composerons mieux en latin, puisqu'il est prouvé que toute la beauté du discours provient de l'heureux arrangement des mots; troisièmement, nous écrirons beaucoup mieux en français, quand nous serons plus familiarisés avec la belle construction des Latins, que nous pourrons enfin appliquer à notre langue maternelle. On reconnoît ordinairement un latiniste à son style, parce que, dans la contexture de ses phrases, on distingue clairement le sujet, le verbe et le régime : sa supériorité sera bien plus décidée, quand tous ses mots seront arrangés avec art, d'après la règle de Cicéron.

La seconde partie sera la démonstration du principe lumineux, consigné dans le traité de l'orateur de Marcus Tullius. Je la présenterai, dans de nouveaux dialogues, sous la forme d'une méthode de construction latine, qui pourra être fort utile aux jeunes gens. Je suivrai le conseil de Dumarsais, qui dit avec vérité : *Les règles d'une langue ne doivent se tirer que de cette langue même*. Je tirerai donc les nombreux exemples que je citerai, pour la justification du grand précepte de Cicéron, 1°. des divers ouvrages de ce grand maître de la latinité, 2°. de Virgile, 3°. de Tacite, 4°. de Tite-Live, 5°. de Suétone, 6°. d'Horace, 7°. d'Ovide, 8°. des Commentaires de César, 9°. de Quinte-Curce, 10°. de Salluste, 11°. de Justin, 12°. d'Eutrope, 13°. de Sénèque, 14°. de Quintilien, 15°. d'Ausone et autres auteurs généralement reconnus pour des écrivains purs.

On me dira peut-être : Puisque votre méthode de la construction latine se justifie d'une manière si éclatante, par l'autorité irrécusable des meilleurs auteurs, pourquoi ne donnez-vous pas la seconde partie de votre Essai, en même temps que la première, dont elle est le complément nécessaire? Dans ce cas, ma réponse sera sans réplique. Mes facultés pécuniaires ne me permettent pas de faire un plus grand sacrifice que celui auquel je me soumets aujourd'hui. Si le public desire réellement la suite d'un ouvrage que je n'ai composé que pour l'utilité des étudians, il peut manifester ses intentions d'une manière non équivoque : mon Libraire sera son interprète. Aussitôt je m'empresserai de remplir mes engagemens.

ESSAI

SUR

LES INVERSIONS LATINES.

PREMIER DIALOGUE.

~~~~~~~~~~~ ▩ ⁊⁊⁊

INTERLOCUTEURS.

M. LE COMTE.
M. LE DOCTEUR.
M. LE CHEVALIER.

(*Les conférences ont lieu dans la Bibliothèque de M. le Comte.*)

M. le Chevalier. Je n'entre jamais, mon cher oncle, dans ce lieu silencieux, sans être saisi d'admiration et de respect. Je crois voir ici l'auguste assemblée de tous les savans qui ont illustré le monde; je crois les entendre parler avec calme; et leurs discours philosophiques pénètrent jusqu'au fond de mon cœur.

M. le Comte. Je partage votre émotion, mon neveu, et je regarde avec vous cette bibliothèque comme

I

le sanctuaire des Muses ; vous y venez souvent seul.
Quel est, je vous prie, l'objet particulier de vos
études ?

M. le Chevalier. Je m'occupe spécialement des
langues mortes.

M. le Docteur. La connoissance des langues conduit
à toutes les autres. Le grec et le latin surtout ont de
tout temps fait les délices des bons esprits, parce que
ces deux langues sont les dépositaires de toutes les
sciences. Je vous applaudis donc beaucoup, M. le
Chevalier, de vous y livrer avec ardeur.

M. le Chevalier. Je rencontre de grandes difficultés dans le travail que je me suis imposé. Je voudrois justifier la construction des Latins , et je suis
bien embarrassé.

M. le Comte. Vous vous êtes distingué dans vos
humanités , et vous devez entendre parfaitement les
anciens.

M. le Chevalier. Mon cher oncle, je suis parvenu
à traduire avec assez d'exactitude ; mais je vous
avouerai franchement que, dans mes compositions latines, je n'ai jamais pu fixer le goût des écrivains de
Rome : je trouve dans leurs écrits un ordre supérieur
de beautés que je ne puis saisir et qui me désespère.

M. le Comte, riant. Cela ne doit point vous af-
fliger.

M. le Docteur. Non, certainement. Tous ceux qui
veulent écrire en latin éprouvent le même inconvénient. Les savans eux-mêmes sont bien loin d'imiter
le style simple et magnifique des historiens , des orateurs et des poëtes qui ont vécu dans le beau siècle
d'Auguste.

M. le Chevalier. Vous m'obligeriez beaucoup, M. le Docteur, de m'en faire entrevoir la cause.

M. le Docteur. Elle est toute simple : c'est que, depuis cette époque célèbre, le génie de la langue latine s'est éteint peu à peu. Sous les Empereurs romains on n'écrivoit déjà plus avec la force et la pureté qui brillèrent du temps de la République. Pour sentir cette vérité, comparez les ouvrages de Cicéron avec ceux de Quintilien qui naquit sous le règne de Claude. Quelle différence de style et d'harmonie ! Après ce rhéteur, le goût se corrompit encore davantage ; de manière que nous pouvons regarder la tradition des bons principes comme perdue pour nous.

M. le Comte. Il seroit trop fâcheux d'avoir perdu l'espoir de remonter à leur source, pour adopter subitement cette opinion. M. le Docteur me permettra de différer de son sentiment.

M. le Docteur. Je ferai plus : je vous prierai de me démontrer que je suis dans l'erreur.

M. le Comte. Cette entreprise peut paroître hardie ; mais elle sourit à mon courage. Voici comment je considère la difficulté que nous rencontrons lorsque nous voulons parler ou écrire en latin.

Depuis le renouvellement des lettres en Europe, les savans modernes n'ont pu encore assez réfléchir sur le génie de la langue latine, pour découvrir et reconnoître la loi générale des constructions de ce riche idiome. Ils ont eu bien des travaux préliminaires à exécuter. Nous leur devons de la reconnoissance pour tous les services qu'ils ont rendus à la littérature. Ils nous ont mis sur la voie de la découverte, sans pouvoir la faire eux-mêmes, parce que le temps de la maturation

1 *

n'étoit pas arrivé. Aujourd'hui que l'établissement de l'Université impériale répand un nouvel éclat sur les études; aujourd'hui que le héros du siècle a ouvert tous les chemins de la gloire, nous devons nous élancer dans la carrière littéraire avec un courage nouveau, et franchir tous les obstacles.

Je me suis souvent trouvé dans la position de mon neveu, et je me suis demandé cent fois, en étudiant avec la plus grande application, le tour que les Romains donnoient à leurs phrases, quelle étoit la raison de leur construction, sans pouvoir la trouver. Le renversement des mots dans la contexture de leurs périodes charmoit mon esprit; je sentois les effets d'un art secret et caché, sans en démêler les règles; et je lisois avec admiration les chefs-d'œuvre de l'éloquence latine, mais sans pouvoir me rendre compte du plaisir délicat que je ressentois. N'est-ce point là, Chevalier, l'impuissance à laquelle vous êtes réduit?

M. le Chevalier. Positivement.

M. le Comte. Plus je fis de recherches, plus je demeurai convaincu d'une grande vérité qui me maîtrisoit: c'est que le discours latin est de beaucoup supérieur au français, tant par la richesse de l'expression, que par la hardiesse de la construction, et je m'y suis toujours attaché avec plus d'ardeur. Quelquefois j'ai cru apercevoir cette raison sublime que je poursuivois, mais soudain elle m'échappoit.

Cependant j'ai senti que, sans la connoissance de la règle des constructions latines, il étoit impossible de bien écrire en latin, et même de bien traduire les anciens auteurs: ce qui augmente l'intérêt de la question.

M. le Docteur. Nous sommes assurément forcés de

convenir que notre style latin n'est point naturel; on lui trouve je ne sais quoi de guindé qui détruit le charme des idées les plus heureuses. Nous avons aussi de nombreuses traductions. Plusieurs de ces copies sont assez estimées, mais elles n'ont point la marche facile, ni le ton noble et pur, ni la chaleur des originaux.

M. le Chevalier. Nous sommes donc encore dans l'enfance relativement à l'étude de la langue latine.

M. le Comte. Je serois tenté de le penser, et il est de notre gloire de chercher à en sortir, en tâchant de trouver la clef des constructions latines.

M. le Docteur. Je sens comme vous, Messieurs, l'importance de cette recherche. Malheureusement elle présente des difficultés insurmontables, à ce que je pense : dès-lors notre occupation devient oiseuse.

M. le Comte. Loin de nous une telle pensée. Travailler à la perfection des langues, c'est hâter la civilisation des peuples. Si nous faisons quelque conquête dans notre exploration, quel service ne rendrons-nous point à la postérité !

M. le Chevalier. On pourroit alors parler et écrire le latin, comme les latins eux-mêmes. Ce seroit, selon moi, un beau triomphe, que de ressusciter cette langue mère.

M. le Docteur. Oh ! les résurrections de ce genre sont impossibles.

M. le Comte. Pardonnez-moi, Docteur. Quand, malgré les secours de la médecine, un malade meurt entre vos mains, vous ne pouvez le rendre à la vie. Il n'en est pas de même des sciences : elles naissent, elles meurent et elles ressuscitent. L'histoire nous en fournit beaucoup d'exemples. La nature se plaît à créer, à dé-

truire et à recomposer ce qu'elle sembloit avoir
anéanti. La langue latine peut renaître d'autant plus
aisément, qu'elle a toujours été parlée dans quelque
contrée de l'Europe.

M. le Chevalier. Vous me donnez, mon cher oncle,
la plus grande espérance de voir rajeunir cette langue.

M. le Docteur. Songez, Messieurs, combien de
grands hommes et de maîtres célèbres ont passé toute
leur vie à lire, analyser et dépouiller les monumens de
l'antiquité, sans y voir plus clair. Je ne citerai aucun
personnage vivant, mais je vous parlerai de La Harpe,
de Furgault, de Batteux, de Beauzée, de Dumarsais,
de Rollin même l'ornement et le soutien de l'ancienne
Université de France : tous ont échoué dans cette tentative.

M. le Comte. Je n'ai pas coutume de reculer devant
mon ennemi. Puisque mon neveu nous a attirés sur
cette matière, qui pique de nouveau ma curiosité, je
ferai tout ce qui dépendra de moi pour lui procurer
satisfaction. Votre érudition, M. le Docteur, peut nous
être d'un grand secours. Il faut contribuer, autant que
vous le pourrez, à nos succès.

M. le Docteur. Ne doutez point de mon dévouement.

M. le Comte. Pour trouver le secret des constructions latines (secret que les anciens n'ont point enseveli
dans leurs tombeaux, puisque leurs œuvres sont entre
nos mains), il ne faut que du courage et de la persé-
vérance. Établissons d'abord notre thèse et procédons
avec méthode.

1°. Le système de la phrase latine est-il fondé en
raison ?

2°. Ne sommes-nous pas environnés de toutes parts d'une foule d'ouvrages précieux? Ne sont-ce pas autant de maîtres qui nous instruisent par les exemples consignés dans leurs écrits?

M. le Docteur. Aucun homme sensé ne peut supposer que les plus brillans génies de l'antiquité romaine aient écrit leurs ouvrages immortels, sans s'appuyer sur des règles fixes et certaines, dictées par la raison et consacrées par l'usage universel des savans et même du peuple, qui fait toujours loi en matière de langues.

M. le Comte. C'est en suivant ces règles précieuses que les Latins ont produit ce bel ordre de construction que nous admirons dans leurs discours, et qui atteste que l'intelligence profonde des causes et des effets présidoit à leurs compositions. La richesse et la simplicité, la force et la grandeur, l'élégance et la justesse des écrits de Virgile, de Cicéron, d'Horace, de Tite-Live, de Tacite, de Salluste, et de tous les auteurs leurs contemporains, ne peuvent être l'effet du hasard, ni le produit d'une imagination déréglée. Les rares qualités de ces grands écrivains sont le résultat de l'application des principes inspirés par la nature même; et ces principes sont si souverains, que non-seulement ils sont d'une nécessité indispensable pour la construction régulière du discours latin, mais qu'ils sont encore la source unique du vrai beau.

M. le Docteur. Vous faites donc dépendre la beauté de l'élocution de sa régularité. On a cependant dit souvent que par élégance il étoit permis d'enfreindre les règles; que c'étoit même un privilége du génie de secouer leur joug.

M. le Comte. Vous sentez comme moi, mon cher Docteur, combien cette opinion est erronée. Rien ne peut être beau sans être régulier, et cela est vrai surtout en fait de discours. Je ne veux point néanmoins que vous cédiez à mon avis particulier, mais bien à une autorité irrécusable. Ecoutons à ce sujet Cicéron, que je ne pourrai jamais assez citer. Il dit dans le chapitre onzième du livre troisième de son Traité *De Oratore* :

« Sed ut in plerisque rebus incredibiliter hoc natura » est ipsa fabricata, *sic in oratione* ; ut ea quæ maxi- » mam utilitatem in se continerent, eadem haberent » plurimùm vel dignitatis, vel sœpè etiam venustatis. » Incolumitatis ac salutis omnium causâ videmus » hunc statum esse hujus totius mundi atque naturæ, » rotundum ut cœlum, terraque ut media sit, eaque » suâ vi, nutuque teneatur : sol ut circumferatur, ut » accedat ad brumale signum, et indè sensìm ascendat » in diversam partem ; ut luna accessu et recessu suo » solis lumen accipiat : ut eadem spatia quinque stellæ » dispares motu cursuque conficiant. »

Quelle grandeur n'y a-t-il point à comparer l'ordre du discours à la magnifique harmonie qui règne dans l'organisation du monde ! Il falloit être vraiment Cicéron pour saisir des rapports aussi sublimes, et pour apporter un exemple aussi admirable, afin de prouver que la beauté du style provient de la régularité. L'erreur astronomique que cette comparaison renferme au sujet du système planétaire, et qui doit être imputée au temps où Cicéron vivoit, n'en détruit point du tout la justesse. C'est pour le salut et la conservation de tous les mortels que l'ordre du monde a été établi, et

c'est de cette utilité majeure que naissent la dignité
et la beauté de la nature.

Sic in oratione. Il en est de même du discours. Le
verbe en est le soleil ; il anime et vivifie tout. Le nominatif de la phrase et le régime tournent autour du
verbe, comme la terre et la lune roulent sans cesse autour
du centre de la gravitation universelle. Les adjectifs, les
adverbes sont comme leurs satellites ; la préposition, la
conjonction et l'interjection, semblables aux planètes
qui décrivent leurs révolutions fixes dans des orbites
plus éloignées, remplissent leurs fonctions particulières
avec ordre et mesure. Cet assemblage de mots différens qui s'attirent et se repoussent continuellement,
toujours réglé avec sagesse, forme le beau système de
la phrase latine.

« Hæc habent tantam vim, ut paulùm immutata
» cohærere non possint ; tantam pulchritudinem, ut
» nulla species ne excogitari quidem possit ornatior.
» Sic in oratione. »

L'ordre céleste a une si grande force, que le moindre
changement feroit écrouler le monde. Sa beauté est
si parfaite, qu'on ne peut imaginer aucune forme qui
lui soit supérieure. De même, si vous dérangez tant
soit peu la construction latine, tout l'édifice tombe :
ce n'est plus du latin ; mais si vous maintenez l'exacte
combinaison de toutes les parties du discours, votre
esprit ne peut rien concevoir de plus beau.

M. le Docteur. On voit que Cicéron étoit bien pé-
nétré de l'importance de son sujet.

M. le Comte. Il faut l'entendre jusqu'au bout :
« Referte nunc animum ad hominum vel etiam
» cæterarum animantium formam et figuram. Nullam

» partem corporis sine aliqua necessitate afficiam, to-
» tamque formam quasi perfectam reperietis arte non
» casu. Sic in oratione. »

Reportez maintenant votre attention sur la figure des
hommes, ou même sur la forme des autres animaux ;
vous ne trouverez aucune partie de leurs corps qui n'ait
été créée sans quelque nécessité : mais vous vous con-
vaincrez que la perfection de leur être est le chef-d'œuvre
de l'art et non l'effet du hasard.

Considérez avec la même attention la physionomie
du discours latin régulier ; vous n'y trouvez pas un mot
inutile : la perfection de l'ensemble annonce un art sublime qui n'est pas fortuit.

« Quid in arboribus, in quibus non truncus, non
» rami, non folia sunt denique, nisi ad retinendam
» conservandamque naturam ? Nusquam tamen est ulla
» pars, nisi venusta. Sic in oratione. »

Que remarquez - vous dans les arbres ? un tronc,
des branches, des feuilles, des racines qui végètent pour
retenir la sève et conserver leur nature ; y découvrez-
vous une seule partie qui ne soit gracieuse ?

Le même charme se rencontre dans le discours. Le
verbe en est le tronc. Les noms forment les branches.
Les désinences offrent l'image des feuilles. La pensée
n'est autre chose que la sève ; elle est alimentée par
la vérité, la justesse et la clarté des idées qui sont des
racines secrètes.

« Linquamus naturam artesque videamus. Quid tam
» in navigio necessarium, quàm latera, quàm carina,
» quàm prora, quàm antennæ, quàm vela, quàm mali ?
» Quæ tamen hanc habent in specie venustatem, ut non

» solùm salutis, sed etiam voluptatis causâ, inventa esse
» videantur. Sic in oratione. »

Quittons la nature pour observer les beaux-arts. Dans
un vaisseau, qu'y a-t-il de si nécessaire que la quille,
les flancs, la proue, les mâts, les antennes et les voiles.
Toutes ces parties sont pourtant si artistement disposées,
qu'elles semblent avoir été inventées moins pour la sû-
reté de la navigation, que pour le plaisir des yeux.

Dans un discours, qu'y a-t-il de si nécessaire que
le verbe, les noms, les adjectifs, les adverbes, les pré-
positions, les conjonctions et l'interjection ? Dans la
langue latine, tous ces mots sont si habilement com-
binés qu'ils semblent moins disposés pour la manifestation des pensées que pour le ravissement de l'esprit.

« Columnæ, et templa et porticus sustinent: tamen
» habent non plus utilitatis quàm dignitatis. Sic in
» oratione. »

Les colonnades supportent des temples et des por-
tiques. Leur dignité égale leur utilité. Il en est de même
de l'élocution. C'est elle qui soutient le discours. Son
élégance, chez les Latins, le dispute à son utilité.

« Capitolii fastigium illud et cæterarum ædium, non
» venustas, sed necessitas ipsa fabricata est. »

Ce n'est point pour la beauté, mais pour la nécessité
que le Capitole a été couronné d'un faîte.

« Nam cum esset habita ratio quemadmodùm ex
» utraque parte tecti aqua delaberetur; utilitatem tem-
» pli, fastigii dignitas consecuta est : ut, etiamsi in
» cœlo Capitolium statueretur, ubi imber esse non
» posset, nullam sine fastigio dignitatem habiturum
» fuisse videatur. »

Il a été construit pour faciliter l'écoulement des eaux.

Sa dignité a été une suite de son utilité, de sorte que quand le Capitole seroit élevé dans le ciel, où il ne peut pleuvoir, il n'offriroit aucune grandeur sans cette imposante décoration.

Il en est encore de même du discours. Est-ce pour la beauté du style que les Latins ont établi des règles de construction? non : leur but d'utilité a été de peindre les opérations de l'esprit dans un ordre naturel, de représenter les évènemens de l'histoire comme ils ont eu lieu dans le temps, de subordonner enfin les mots aux choses. C'est en suivant cette marche simple et vraie, qu'ils ont écrit d'une manière si supérieure, que la plupart des littérateurs ignorent encore la magie de leur composition.

Que conclure définitivement de toutes ces preuves admirables? Que l'art produit l'élégance, que l'utilité et la nécessité amènent la beauté, et que la raison est la mère du goût. Ces qualités sont inséparables, les unes comme causes, et les autres comme effets. Que les rhéteurs ne viennent donc plus nous dire que les anciens ne construisoient leurs discours dans un ordre qui leur paroît inverse, que par élégance. Un effet ne peut exister sans cause. C'est elle qu'il faut découvrir et montrer.

Le Chevalier. Mon cher oncle, vous m'éclairez. Oui, les Latins avoient un but d'utilité, une raison majeure qui régloit la construction de leurs discours ; je le sens bien clairement à présent, et de là découloit naturellement une foule de beautés. Ainsi ce n'étoit point pour charmer l'oreille par des chutes sonores et nombreuses que les anciens faisoient des inversions ; mais pour se soumettre à une loi supérieure de cons-

-truction. J'ai prié diverses personnes de vouloir bien me l'exposer. Leurs réponses évasives ne m'ont jamais satisfait. Pour vous, ô mon cher oncle, qui êtes si profondément versé dans l'interprétation des anciens auteurs de Rome, vous ne me refuserez probablement point cette grâce.

M. le Comte. Assurément, mon cher neveu, rien ne me scroit plus agréable. Malheureusement je ne suis pas beaucoup plus avancé que vous. En y réfléchissant sérieusement, je suis effrayé de voir les principes enveloppés de nuages épais que je voudrois bien pouvoir dissiper. D'ailleurs, les hommes qui par état devoient éclaircir cette matière, semblent plutôt l'avoir obscurcie. Qu'en pense M. le Docteur ?

M. le Docteur. Je n'en connois aucun du moins qui ait traité cet objet avec clarté, peut-être parce que les savans l'ont regardé comme indifférent.

M. le Comte. Quand on considère que toutes les langues modernes dérivent de la langue latine, on ne peut pas croire que les grammairiens aient dédaigné de recueillir les principes de construction qui sont bien plus précieux que les mots qui nous ont été conservés. On trouve presque partout des pierres pour construire: on ne rencontre point en tous lieux de bons plans d'architecture. Il est indubitable pourtant que les anciens ont traité de la grammaire, mais leurs ouvrages ne sont point venus jusqu'à nous. Les siècles d'ignorance les ont tous dévorés. Nous avons d'autres écrits qui pourront nous mettre sur la voie. Je me rappelle en ce moment un passage de Cicéron qui est un trait de lumière. Il dit quelque part :

« Prætereamus igitur præcepta latinè loquendi, quæ

» puerilis doctrina tradit , et subtilior cognitio ac ra-
» tio litterarum alit , aut consuetudo sermonis quoti-
» diani , ac domestici libri confirmant , et lectio vete-
» rum oratorum et poetarum. »

Cicéron regardoit comme peu de chose de savoir
parler latin , parce que chez les Romains , plus encore
que chez nous , on n'attribuoit point un grand mérite
aux hommes qui ne savoient que bien parler leur langue
maternelle. Pour apprendre, ils avoient recours à la
doctrine de leurs écoles, qui est perdue pour nous. La
connoissance approfondie et la raison de la littérature
nourrissoient les premiers préceptes enseignés aux enfans, et nous pouvons jusqu'à un certain point puiser
à cette source. Pour l'habitude du discours familier et
l'usage des livres domestiques , nous devons y renoncer
absolument. Nous ne pouvons rappeler à la vie les anciens Romains pour les entendre parler , ni rétablir
leurs livres usuels qui contenoient sans doute bien clairement et bien simplement les principes que nous cherchons avec tant d'inquiétude ; mais il nous reste une
ressource immense , dans la lecture des orateurs et des
poëtes qui ont été miraculeusement sauvés des ruines
de l'Italie.

M. le Chevalier. Je les ai déjà bien lus.

M. le Comte. Trop superficiellement sans doute ,
comme la plupart des hommes qui, dans l'étude des
ouvrages de l'art, ne saisissent que les objets les plus
saillans et les moins importans. Les historiens , les
orateurs et les poëtes de l'antiquité sont les seuls maîtres
qui peuvent nous instruire aujourd'hui.

M. le Docteur. Je me range à l'avis de M. le Comte.
Il ne nous est pas permis de choisir, mon cher Che-

valier, puisqu'il ne se présente qu'une route devant nous. Imitons les procédés des peintres, des sculpteurs et des architectes modernes qui, par leurs efforts et leurs travaux pénibles, sont parvenus à égaler les plus grands artistes de l'antiquité. Ces hommes, guidés par l'amour des beaux-arts, se sont transportés à grands frais dans leur ancienne patrie. Ils ont visité les lieux les plus célèbres de la Grèce. Athènes, Corinthe, Palmire, Éphèse, et bien d'autres pays leur ont présenté des statues antiques, des bas-reliefs admirables, des colonnes de tous les ordres, des débris encore majestueux *des temples les plus magnifiques.* La vue de ces prodiges de l'industrie humaine a excité l'enthousiasme de ces illustres voyageurs, qui, malgré les injures du temps imprimées sur ces beaux monumens, ont reconnu et fixé les proportions de ces ouvrages maintenant immortels. Riches de leurs observations et glorieux de leurs succès, ils ont transporté la Grèce entière parmi nous. Nos temples, nos palais, nos ponts, nos ameublemens, nos costumes eux-mêmes ont été créés par leur génie; de sorte qu'il est incertain si les grandes cités de l'Europe ne l'emportent point aujourd'hui sur ces villes anciennes qui ont le plus brillé par leur luxe et leur magnificence. Paris surtout semble destiné à les effacer toutes par sa splendeur. Pourquoi ne suivrions-nous pas la marche de ces grands hommes? Nous avons sous la main et presque gratuitement les plus rares ouvrages des meilleurs écrivains de l'antique Rome. Puisons, Messieurs, à ces sources sacrées.

M. le Comte. Certainement, nous n'avons point de parti plus sage à suivre. Sans sortir de cette enceinte, nous pouvons résoudre le plus beau problème qui ait jamais été proposé aux grammairiens modernes.

M. le Docteur. Il faut lire et relire tous vos auteurs, M. le Chevalier, avec l'attention la plus sérieuse et la réflexion la plus profonde. Nous vous soutiendrons dans cet examen pénible. A l'instar des peintres et des statuaires, qui ont adopté l'Apollon du Belvédère, et la Vénus de Médicis, comme des modèles parfaits de la beauté des deux sexes, prenez un terme de comparaison qui soit votre régulateur dans toutes vos recherches et vos expériences. Dépourvu de règles, vous en poserez vous-même, car vous savez que, dans tous les arts et dans toutes les sciences, les règles ne se déduisent que d'une multitude de faits concordans.

M. le Chevalier. Je ne suis point assez instruit pour suivre un conseil aussi sage que difficile à pratiquer. Quand je lis ces auteurs fameux, qui, grâce à l'imprimerie, sont dans les mains de tout le monde, je ne sens qu'une partie de leurs beautés : c'est sans doute la plus légère. Cependant, pour me livrer fructueusement à l'analyse complète de leurs œuvres, comme vous me l'insinuez, il faudroit saisir l'esprit de leurs savantes compositions, les détailler, les expliquer, les comparer, et enfin déduire les principes. Ce travail est bien au-dessus de mon âge et de mes forces.

M. le Comte. Il faut cependant, mon cher neveu, prendre une certaine confiance en vous-même. L'âge ne donne point le talent : il naît avec nous. Votre esprit ne manque point de justesse; profitez des secours qu'il vous offre. Considérez d'un autre côté combien, depuis quelque temps, on a fait de conquêtes dans les arts et les sciences, en les soumettant à l'observation. Le bel exemple des artistes que M. le Docteur

vous citoit tout-à-l'heure, n'est-il point frappant?
Croyez-vous qu'ils ont réussi subitement et sans rencontrer de grands obstacles? Lisez l'histoire de leurs
voyages, vous serez étonné de leur courage, de leur
patience, de leurs dépenses, de leurs fatigues, et même
de leurs dangers. Avec beaucoup moins de peines,
vous pouvez aspirer à la même gloire que ces grands
hommes ont obtenue. Vous avez si bien commencé;
continuez d'observer la marche des anciens, épiez leur
génie, rapprochez les plus beaux fragmens, confron-
tez-les pour ainsi dire ensemble, vous leur trouverez,
malgré la différence des styles, une même tournure et
comme un même air de famille. Alors une seule idée
peut vous éclairer, comme une seule étincelle suffit
pour produire la plus riche illumination, quand tout
l'artifice est préparé.

M. le Chevalier. Vous parlez de tout cela, mon
cher oncle, avec une facilité qui prouve que vous
pouvez remplir la tâche proposée, sans rencontrer des
difficultés sérieuses ; car vous soupçonnez le principe
que nous cherchons, et vos longues études vous mettent
à même de le saisir. Rendez-moi le service de me le
révéler, car mon impuissance n'est que trop réelle.
Imaginez-vous qu'en lisant je me trouve dans la position d'un amateur qui se promène dans une vaste galerie décorée des tableaux les plus rares et les plus parfaits. A l'aspect de tant de chefs-d'œuvre, l'enthousiasme s'empare de ses sens, il ne démêle point avec
précision tous les genres de beautés qui dominent
dans les ouvrages qu'il admire ; mais l'ensemble de
chaque tableau lui plaît, le charme et l'entraîne. Il
jouit délicieusement, et son illusion est complète; il n

2

sait point par quelle magie, entre plusieurs figures toutes
tracées sur un même plan, les unes paroissent éloignées,
et les autres voisines de l'œil qui les contemple ; il
ignore comment, sur une surface plane et unie, les
objets peuvent offrir à sa vue trompée des reliefs
saillans, des contours moelleux, des bosses arrondies,
et des corps animés qui s'agitent sur la toile ; il ne peut
concevoir enfin par quel heureux artifice l'ombre
combat la lumière, en la faisant néanmoins briller du
plus vif éclat. Après avoir long-temps cherché à se
rendre compte des sensations qu'il éprouve, il s'afflige
de ne pouvoir saisir le secret de l'art qui l'enchante, et
de se trouver ainsi privé du plaisir de s'y livrer. Voici
précisément le cas où je me trouve : je suis ici entouré
de livres, comme mon amateur l'est de tableaux ; je
les admire en les parcourant, et mon plaisir ne le cède
point au sien. Mais qui me dira pourquoi dans une
même composition, le nominatif s'offre tantôt subitement à ma vue, et fuit tantôt à l'extrémité de la période ? Qui a appris à l'adjectif les cas où il doit précéder ou suivre son substantif ? Je ne comprends pas
la loi qui subordonne l'adverbe au verbe. Pour quelle
raison le régime qui reçoit l'action du verbe se préci-
pite-t-il devant lui ? Quelle puissance enfin maintient
la domination du verbe qui règne sur tous les mots de
la phrase, et qui verse sur eux son éclat et ses propriétés ?
Tout est mystère pour moi : jugez de l'anxiété qui me
tourmente, quand je veux composer en latin, et si je ne
m'afflige pas avec raison de ne pouvoir rencontrer la
manière des anciens.

M. *le Docteur*, *riant.* M. le Chevalier, votre position et celle de votre amateur ne sont point aussi fâ-

cheuses que vous le pensez. Doués tous deux d'une
sensibilité exquise et d'une imagination brillante, vous
vous abandonnez à tous les charmes de la lecture et
de la peinture. Vous jouissez plus doucement que les
savans et les peintres qui vous ont ménagé de si rares
jouissances, parce qu'ils ne peuvent oublier toute la
peine et l'échafaudage de l'exécution. Que demandez-
vous de plus ?

M. le Chevalier. Une admiration plus éclairée, et
surtout la facilité d'imiter les productions d'un art qui
nous captive.

M. le Comte. Rien n'est plus juste. Le temps d'ailleurs
peut détruire nos modèles. Il est bon de les renouveler.

M. le Chevalier. Ne vous semble-t-il pas, messieurs,
que si mon enthousiaste étoit dans la galerie, accompa-
gné de quelques artistes habiles et officieux, ceux-ci lui
révéleroient que la profondeur du tableau est l'effet de
la perspective aérienne, que la petite dimension des
objets, la légèreté des couleurs, les font fuir dans le
lointain, que les ombres savamment distribuées, adou-
cies, font ressortir et tourner avec grâce les corps éclairés, que le mélange des couleurs bien assorties achève
le prestige ? Alors mon admirateur rendu à lui-même
pourroit asseoir ses idées et raisonner ses travaux ; alors
il pourroit lui-même saisir le pinceau et chercher à exprimer les grands effets de la nature. Dans ses timides
essais, il n'égaleroit point ses maîtres sans doute, mais
on verroit qu'animé du même feu, il a du moins marché
sur leurs traces, quoique de loin. Son faire annonceroit
des principes. Au milieu de mille défauts excusables,
jailliroient des étincelles de génie. Ce que les peintres
feroient en faveur de l'amateur, vous pouvez, mes-

2 *

sieurs , le faire pour moi. Oui , vous pouvez être mes
guides dans l'explication des constructions latines dont
je ne vois pas la raison.

M. le Docteur. Il n'y a point ici de parité. En effet ,
on connoît depuis long-temps les procédés de la peinture.
Leur exposition est facile, et l'intelligence en est même
assez commune. Bien que chaque peintre ait son genre
particulier , tous sont d'accord sur le fond de leur art.
Ils peuvent tous égaler et même surpasser les anciens
qui ont eu tant de célébrité dans la Grèce ; ce qui le
prouve , c'est que nous voyons parmi nous des artistes
qu'il est permis de comparer aux Xeuxis et aux Apelles.
En dirons-nous autant de la littérature latine? Malgré
le nombre extraordinaire d'établissemens publics en
Europe où l'on enseigne le latin, y a-t-il un seul maître
qui en possède véritablement les principes , et qui les
professe ? Soyons de bonne foi et avouons que leur intelligence a été jusqu'alors impossible. Les écrits que
l'on publie en cette langue ne le démontrent que trop
clairement. Nous n'avons ni des Virgile , ni des
Tacite.

M. le Comte. Il peut en naître un jour. La grande
méthode de la composition peut se retrouver dans les
débris des lettres latines , comme de nos jours on a déterré en Italie et dans l'Asie des monumens précieux
qui étoient ensevelis sous des masures depuis plus de
vingt siècles.

M. le Chevalier. Ah ! qu'une telle découverte seroit
précieuse , et pour les savans , et pour les étudians ,
dont les compositions ne sont si défectueuses à leurs
propres yeux , que par l'absence des règles , sur lesquelles ils puissent s'appuyer avec confiance et sécurité !

M. le Docteur. Pour y parvenir sûrement, il faut fouiller partout.

M. le Comte. Cette idée est excellente et me suggère un moyen fort simple d'obtenir une solution satisfaisante. Quand on veut réduire une place de guerre, on la bloque de toutes parts, l'on dirige ses forces par les principaux débouchés, en resserrant toujours par des parallèles la ligne de circonvallation. Agissons de même ; cernons notre difficulté : que le chevalier se charge d'explorer les auteurs classiques ; chargez-vous, M. le Docteur, de faire mouvoir la légion des littérateurs modernes ; de mon côté, j'avancerai avec les anciens, et je compte tirer bon parti de leurs armes et de leur valeur.

M. le Docteur. J'adopte votre plan d'attaque.

M. le Chevalier. Vous pouvez compter sur mon zèle.

M. le Comte. Cependant, il est utile de faire un tour de promenade avant de nous mettre à table, où nous réglerons les détails.

DEUXIÈME DIALOGUE.

INTERLOCUTEURS.

M. LE COMTE.
M. LE DOCTEUR.
M. LE CHEVALIER.

M. le Comte. Mon cher neveu, êtes-vous disposé à nous rendre compte de vos recherches littéraires ?

M. le Chevalier. Oui, mon cher oncle ; mais je dois vous prévenir, avant de commencer, que je n'ai pas été fort heureux dans mes excursions grammaticales.

M. le Docteur. Vous vous défiez trop de vous-même, M. le Chevalier. Un jeune homme de votre âge doit prendre une certaine confiance en ses forces, qui soit également éloignée de l'impudence et de la pusillanimité, et qui forme la base du caractère des gens bien nés.

M. le Comte. Certainement. Armez-vous donc de courage, et parlez selon que vous avez été affecté.

M. le Chevalier. Messieurs, pour tâcher de résoudre le beau problème des constructions latines qui nous occupe, j'ai cru devoir m'attacher à l'analyse des livres élémentaires que l'on étudie trop légèrement pendant l'enfance pour en sentir le prix, et que dans

la suite l'on dédaigne de consulter et d'approfondir.
Quoique la grammaire me paroisse l'étude la plus sérieuse à laquelle les jeunes gens raisonnables et même
les hommes savans doivent s'appliquer, puisqu'elle
nous donne la clef de toutes les connoissances, vous
l'avouerai-je? je n'y ai point trouvé les principes que
je cherchois, ni même ceux que j'y croyois contenus;
et, pour la première fois, j'ai remarqué que les rudimens
anciens n'étoient point composés avec tout le soin de-
sirable. Cependant, si quelque ouvrage exige de la
clarté, de la précision, de l'ordre et des lumières,
c'est bien une grammaire, que je regarde comme le code
du langage. D'où peut provenir cette disette de règles
qui m'a frappé?

M. le Docteur. Quelque désintéressés que soient
les hommes érudits, M. le Chevalier, pour les biens
de la fortune, ils ne le sont pas autant du côté de la
gloire, qui seule peut les soutenir dans leurs veilles.
Pour faire une bonne grammaire, il faudroit sacrifier
beaucoup de temps. L'ouvrage terminé, il n'en revient
pas une grande célébrité à son auteur, qui peut faire
du bruit dans le monde avec une médiocre traduction,
ou avec quelques fragmens historiques, ou avec un
poëme plus ou moins ingénieux. De cette façon, les
hommes qui possèdent le talent didactique se trouvent distraits de leur genre d'écrire; les enfans, et par
suite les hommes, se trouvent ainsi privés des livres
les plus nécessaires à leur instruction; c'est un vrai
malheur.

M. le Chevalier. Affligé de mon observation, mais
non rebuté, j'ai voulu du moins extraire ce qui a rapport à la construction du dicours. Je n'ai jamais pu

trouver un seul mot qui puisse véritablement s'y appliquer.

M. le Docteur. Vous vous trompez, Chevalier : tous les rudimens contiennent la syntaxe et une méthode.

M. le Comte. Cela est vrai ; néanmoins je suis de l'avis de mon neveu : l'on ne parle nullement dans les rudimens de la construction qui devroit en former la partie la plus belle, la plus savante et la plus précieuse.

M. le Chevalier. Je croyois effectivement me tromper moi-même ; et, accusant mon peu d'intelligence, j'ai relu plusieurs fois de suite ces syntaxes ; je n'y ai décidément trouvé que ces mots : La syntaxe est la manière de joindre ensemble les mots d'une phrase, et les phrases entre elles. Dans toute la suite de ces ouvrages, on ne parle plus d'union, d'assemblage, ni de construction.

M. le Docteur. Voilà qui est plaisant. Que disent donc les règles contenues dans ces syntaxes, et que j'ai apprises dans ma jeunesse, comme tous les autres ?

M. le Chevalier. Elles ne parlent que de la concordance des mots et des régimes. Ces règles ne me semblent que préparatoires. Leur objet est d'approprier les matériaux du discours et de les disposer à la construction, mais elles n'enseignent pas en effet à construire. Dans les rudimens, j'apprends à décliner, à conjuguer, à faire accorder les adjectifs avec leurs substantifs, les verbes avec leurs nominatifs, à observer les régimes ; mais quand il faut arranger et construire, je me trouve dans le plus grand embarras, ne sachant quand je dois mettre mon nominatif au commencement ou à la fin

de la phrase; quand le régime doit précéder ou suivre
son verbe ; quand l'adjectif doit être prépositif ou post-
positif. Tout cet arrangement pourtant ne doit pas et
ne peut pas être arbitraire. Ce doit être la fonction de
la syntaxe de désigner la place que doit occuper
chaque partie intégrante de la phrase. Et elle n'en dit
rien : les grammairiens ont-ils cru inutile de recueillir
les règles de la construction, et de nous les communiquer ?

M. le Docteur. Je ne reviens pas de mon étonnement.

M. le Comte. Je crois pouvoir vous tirer de votre
surprise, et vous expliquer comment il se fait que la
syntaxe, qui ne devroit s'occuper que de la construction,
n'a pas même abordé cette matière. Les grammairiens qui, après les siècles d'ignorance et de barbarie,
se sont adonnés à la littérature, qui ont pris le soin
généreux de relever avec courage les beaux débris de
la langue latine, ont aisément remarqué, en dépouil-
lant les auteurs qu'ils avoient dérobés à la faux du
temps, que les adjectifs, pronoms et participes s'ac-
cordoient en genre, en nombre et en cas avec leurs
substantifs ; que les verbes actifs gouvernoient l'accusatif ; que les passifs régissoient l'ablatif ; que les
neutres demandoient ordinairement le datif; et plusieurs
autres accidens semblables. Ils ont donc posé des règles
générales à ce sujet. C'étoit beaucoup pour le temps
où ils écrivoient. Quand ils ont voulu analyser la construction des Latins, leurs idées se sont troublées. Devons-nous en conclure rien de désavantageux à leur
égard, quand nous voyons que, depuis cette époque
assez reculée, les savans n'ont encore pu débrouiller

ce chaos? Ces courageux littérateurs, à qui seuls nous devons le peu que nous savons, ne pouvoient pas avoir acquis encore assez de lumières pour comprendre la plus grande beauté de la plus parfaite des langues. Ils sentoient, comme nous, l'élégance et la régularité du discours latin, sans en connoître la raison. Qui auroit pu les éclairer en effet au milieu des ténèbres? Les modernes sont bien moins excusables de n'avoir pas fait un seul pas dans cette carrière, qui leur étoit ouverte.

M. le Docteur. Cette inertie seroit tout-à-fait inconcevable (car tout les invitoit à la recherche de la construction latine); mais je vous ferai voir, quand je vous rendrai compte de mon travail particulier, que plusieurs savans d'un grand nom ont cherché la cause des inversions latines avec assez de chaleur, pour leur pardonner de ne l'avoir point découverte.

M. le Comte. Quoi qu'il en soit, nous devons toujours beaucoup d'obligation aux régénérateurs des lettres, d'avoir dissipé les premiers nuages, et d'avoir préparé le jour de la science, dont ils n'ont entrevu que foiblement l'aurore. Les auteurs qui les ont suivis, ne pouvant non plus d'un côté saisir le principe de cette belle construction, si opposée à celle des langues vulgaires; voyant de l'autre que tous les anciens parloient de la syntaxe, comme de l'objet principal de la composition du discours, ont donné les règles de concordance et de régime pour les règles de construction. Ce subterfuge a satisfait momentanément aux justes desirs des étudians. A-t-il contenté les hommes qui raisonnent? Non.

M. le Docteur. Peut-on sincèrement les blâmer de cette petite ruse qui ménageoit leur amour-propre? Il étoit dur pour des écrivains accrédités, d'avouer publiquement leur ignorance. Ce dévouement étoit peut-être au-dessus des forces humaines, surtout dans des siècles grossiers où un semblable aveu auroit pu diminuer la considération des maîtres, et les priver de l'admiration publique qui a été presqu'en tout temps leur unique récompense.

M. le Comte. Ces excuses ne sont guère admissibles, mon cher docteur. Que ces hommes trop vains aient employé tous leurs moyens, auprès de leurs contemporains, pour ne point paroître ignorer des lois grammaticales qu'il leur importoit tant de savoir, à la bonne heure ; mais qu'ils aient caché la pauvreté de leur esprit sous le titre imposant de syntaxe, c'est ce que je ne puis passer ; parce qu'ils ont trompé tout le monde, parce qu'ils ont donné aux professeurs comme aux élèves une fausse sécurité sur la manière de construire les phrases latines, parce qu'ils ont donné lieu à des préjugés qu'il sera peut-être difficile de déraciner ; enfin parce qu'ils ont détourné les personnages studieux de la recherche des plus belles règles de la langue latine. On voyoit bien, il est vrai, à la simple lecture des compositions, qu'on n'écrivoit pas le latin dans la forme familière aux anciens Romains, mais on étoit loin d'en deviner la cause. Pouvoit-on imaginer qu'on n'avoit réellement point de règles de syntaxe pour construire régulièrement ?

L'observation sensée de mon neveu nous éclaire donc sur un point essentiel. Ce que nous nommions tout bonnement syntaxe, ne mérite pas plus ce nom, qu'un traité de la coupe des pierres ne doit porter le titre de cours complet d'architecture. Cette erreur reconnue, continuons nos recherches, sans en trop vouloir aux faiseurs de rudimens qui, après tout, ne pouvoient pas enseigner ce qu'ils ne savoient pas.

M. le Chevalier. Votre explication, mon cher oncle, me fait le plus grand plaisir et me soulage l'esprit. Mon opinion me paroissoit hasardée, téméraire même, je ne vous l'ai proposée qu'en tremblant, prêt à me rectifier sur-le-champ, si vous l'aviez condamnée. Vos réflexions se trouvant conformes aux miennes, je vais reprendre le fil de mon analyse avec plus d'assurance, en vous priant de m'avertir quand ma judiciaire sera en défaut.

Après avoir examiné les rudimens avec l'attention qu'exige leur antique célébrité, j'ai entrepris de passer en revue les grammaires latines qui ont été publiées depuis vingt ans. Comme leur nombre est prodigieux, j'ai cru pouvoir, sans vous déplaire, n'en lire que les titres, d'autant plus que ces livres élémentaires n'ont pas fait une grande sensation, à l'époque de leur apparition, à l'exception toutefois de deux ouvrages sortis de la plume de deux maîtres déjà recommandables par plusieurs écrits distingués.

M. le Docteur. Vous allez probablement en tirer des documens précieux.

M. le Chevalier. Ces deux grammaires sont mieux rédigées que les rudimens. Elles annoncent et la science et le travail de ceux qui les ont composées. Malheureusement ils n'ont point agrandi le cadre ancien dans lequel ils ont tracé leurs pensées, ils ont appelé syntaxe, comme tous leurs prédécesseurs, ce qui n'en est que la plus légère partie ; comme la coupe des pierres, pour profiter de la comparaison de mon oncle, n'est qu'une foible branche de l'architecture.

M. le Comté. Voilà une preuve démonstrative de ce que je viens de dire. Pourquoi les auteurs de ces deux grammaires n'ont-ils pas complété leurs ouvrages ? Parce que la marche des premiers grammairiens les a égarés. En voulant perfectionner la manière d'étudier la langue latine, ils ont encore suivi la routine consacrée par l'usage. Tant il est difficile de résister à son autorité ! Ces deux écrivains, qu'on peut regarder comme les plus instruits en matière grammaticale, étoient bien faits pour secouer le joug.

M. le Chevalier. L'estimable Furgault, qui a rendu tant de services à l'Université de Paris, sentoit comme nous le défaut radical des rudimens. Il a tenté d'y remédier, en publiant son Traité des ellipses de la langue latine, qui mériteroit bien d'être plus répandu qu'il ne l'est en effet, quoiqu'il n'ait pas encore touché la vraie corde des constructions latines. Sa préface est surtout remarquable.

« De toutes les parties de la grammaire latine, la
» plus essentielle est sans contredit celle de la construc-
» tion ou de la syntaxe. On sait que chaque langue a
» sa construction particulière, et que c'est de l'arran-
» gement et de la liaison des mots dont elle se sert,
» qu'elle tire son caractère distinctif et son génie propre.
» C'est en cela que la langue latine diffère de la grecque
» et de toutes les autres tant anciennes que modernes. »

M. le Docteur. Voilà un homme qui débute bien.

M. le Chevalier. « Les Romains étoient si jaloux de
» la pureté de leur langue, et regardoient la connoissance
» de sa construction comme si importante, que des
» hommes tels que Cicéron et César ne dédaignoient
» pas de composer eux-mêmes des traités de grammaire ;

» en quoi ils ont été suivis d'un grand nombre de sa-
» vans illustres, qui en ont fait une de leurs principales
» études, et dont les écrits sont parvenus jusqu'à nous.
» Les modernes, marchant sur leurs traces, ne se sont
» pas moins distingués par leurs travaux immenses sur
» toutes les parties de cet art; entr'autres les *Scaliger*,
» *Gronovius*, *Scioppius*, *Sanctius*, *Vossius*, et parmi
» nous l'auteur de la nouvelle méthode. Mais, comme
» les ouvrages de ces grands hommes sont trop étendus
» pour être mis entre les mains des jeunes humanistes,
» j'ai pensé que je pourrois leur être utile, si je m'ap-
» pliquois à en extraire les principes les plus constans
» et les mieux établis, pour en former une syntaxe fi-
» gurée qui fût parfaitement conforme au génie de la
» langue latine, et par cela même bien différente de
» celle des rudimens et autres livres élémentaires, où
» l'on ne doit présenter aux enfans que les règles les
» plus simples et les plus communes de la grammaire. »
    Quand j'eus lu ce morceau, je fus émerveillé.
Voici, me suis-je dit, un grammairien qui ne suit pas
les chemins battus par la multitude, qui nous parle
réellement de construction, qui veut imiter Cicéron et
César, écrire les principes les plus constans et les mieux
établis de la grammaire, composer enfin une syntaxe
figurée, conforme au génie de la langue latine, nous
dévoiler le mystère de la composition, nous mettre à
portée d'imiter la pureté et l'élégance des anciens Romains, et ramener parmi nous le siècle d'Auguste. Ce
digne professeur, qui joint une grande expérience à
une vaste érudition, a senti la difficulté des constructions
latines qui n'ont encore été bien expliquées par personne; il va nous remettre sur la voie. Je fus fortifié

dans cette douce opinion , en continuant de lire ce qui suit :

« Il seroit à souhaiter, dit-il en parlant des rudi-
» mens, que ces petits ouvrages répondissent toujours
» aux titres qu'on leur donne ; on n'auroit pas à se
» plaindre qu'ils ne sont rien moins que ce qu'ils doivent
» être. »

M. le Comte. Il a fortement raison : non-seulement les rudimens ne renferment pas la moitié des principes de la langue latine, mais encore ils exposent mal ceux que leurs auteurs ont daigné recueillir ; de manière qu'un bon rudiment est encore un ouvrage à faire. Espérons que quelque savant généreux voudra bien nous faire quelque jour ce présent.

M. le Chevalier. « A les juger sans prévention ,
» continue Furgault, on n'en voit aucun où les prin-
» cipes de la langue latine soient, je ne dis pas ex-
» pliqués , mais même énoncés dans les principes
» de l'art. On y trouve à la vérité quelques règles gé-
» nérales sur la concordance des noms et des pronoms
» entr'eux et avec les verbes, mais vient-on à parler
» des régimes ? c'est alors qu'on s'égare. »

Et il s'égare lui-même avec eux, par une fatalité que je ne puis trop déplorer ! Il nous promet des règles de construction , une syntaxe figurée , et il ne nous donne que des ellipses !

M. le Docteur. Mais son Traité des ellipses est ex-
cellent ; il est précieux et pour les étudians, et pour les jeunes maîtres qui n'ont pas encore acquis assez d'expérience.

M. le Chevalier. J'en conviens ; mais, encore une fois, des ellipses ne sont point des règles de construction,

Avec les explications de Furgault, j'entendrai plus facilement les auteurs, mais serai-je plus habile compo-
siteur? C'est pourtant le point où je voudrois parvenir.
Aurai-je cette unité de principes qui a guidé tous les
grands écrivains dans leurs ouvrages si admirables?
Quelle sera donc ma règle dans l'arrangement, la liaison et la disposition des mots, des membres de phrase
et des phrases entières?

M. le Comte. C'est en effet là ce qu'on doit appeler
construction. Furgault a beau dire que les Romains,
pour rendre leur style plus concis et plus élégant, ont
retranché peu à peu de leur langue, beaucoup de mots
que l'usage continuel des phrases et le sens du discours
pouvoient aisément suppléer ; ce n'étoit point là le
fond de la langue latine. Les ellipses, à mon sens,
sont plutôt des défauts que des beautés. Il rapporte
lui-même d'après Suétone, qu'Auguste, par la crainte
de laisser quelque doute dans l'esprit des auditeurs,
se faisoit une loi de ne retrancher aucune préposition
ni aucune conjonction dans ses discours : ce qui veut
dire qu'il parloit très-régulièrement. Ce maître du
monde étoit bien digne de donner l'exemple de la pureté du langage.

M. le Docteur. Avouons pourtant que l'ellipse a quelquefois une merveilleuse grâce, non-seulement dans le
latin, mais encore dans le français; que la suppression
de certains mots, bien loin d'obscurcir le discours,
donne à la phrase une vivacité piquante qui exerce
l'esprit agréablement. En mille cas, il seroit fastidieux
de dire tous les mots rigoureusement nécessaires pour
former un sens complet. Je suis si attaché à l'ellipse,
que je pense qu'elle peut souvent conduire au sublime.

Je sais donc infiniment bon gré à notre infatigable professeur, de nous avoir composé un traité des ellipses,
moins parce qu'il facilite ainsi l'explication de certains
passages obscurs des auteurs latins, que parce qu'il nous
montre pour ainsi dire la manière de les introduire
dans notre propre langue où elles produisent un bon
effet.

M. le Comte. Admettons, si vous voulez, que l'ellipse est une beauté ; elle ne nous met pas au fait de
la construction générale de la phrase latine : nous ne
devons point nous y arrêter.

Furgault s'étaye sur ce passage de Quintilien : *Aliud
est latinè, aliud grammaticè loqui.* Mais de deux
choses l'une : ou Quintilien s'est trompé, ce qui lui est
arrivé plusieurs fois dans les matières les plus considérables de son art, comme je vous le prouverai dans la
suite ; ou bien il n'a pas attaché à sa phrase le sens détourné que Furgault veut lui donner. On ne peut bien
parler latin, qu'en se conformant aux lois de la
grammaire latine. C'est une vérité dont on seroit bientôt convaincu, si l'on pouvoit retrouver une grammaire
de Cicéron ou de César : à défaut de ces titres qui seroient irrécusables, le bon sens nous suffit pour juger
autrement que Furgault.

M. le Chevalier. Me voilà donc déçu de mon espoir ;
je dois renoncer aux ellipses de ce professeur d'ailleurs
si éclairé.

Je rencontre un livre dont le titre me frappe : *Ana-
tomie de la langue latine*, par Lebel ; je le dévore :
après l'avoir parcouru d'un bout à l'autre, je n'y ai
trouvé qu'une bonne chose ; c'est que nous sommes
encore bien loin d'avoir découvert toutes les beautés

3

de la langue latine , que c'est une mine féconde dont les richesses nous sont encore inconnues, que nous ne devons point cesser d'exploiter, jusqu'à ce que nous soyons arrivés à la masse.

M. le Comte. Je crois en effet qu'on ne s'est attaché jusqu'alors qu'à des filons particuliers , tandis que c'est le corps de la mine qu'il faut attaquer.

M. le Chevalier. Pour cet effet, examinons la grammaire de Port-Royal, intitulée Nouvelle Méthode pour apprendre facilement la langue latine ; elle est sacrée pour tous les maîtres, et forme leur principal point d'appui.

M. le Docteur. Je suis curieux de vous entendre parler de cet ouvrage justement révéré des savans : c'est un vrai trésor.

M. le Chevalier. Je vais commencer par la préface selon ma coutume ; c'est là que je trouve l'ame de mon auteur. Si je n'y trouve pas tout ce qu'il pouvoit dire dans son ouvrage , j'y distingue tout ce qu'il a voulu détailler. L'intention m'éclaire sur le fait : quand il a mal réussi , je le loue encore des efforts qu'il a faits ; il a d'ailleurs l'avantage de provoquer de nouvelles tentatives.

M. le Comte. C'est procéder judicieusement. Allons, Chevalier, du courage ; il en faut ici moins pour approuver que pour combattre.

M. le Chevalier. L'auteur de la nouvelle méthode se croit d'abord obligé par modestie, de déclarer que son ouvrage n'est qu'un extrait fidèle et exact des sentimens de *Sanctius*, *Scioppius* et *Vossius*, trois savans fameux du dix-septième siècle, concernant la langue latine ; de manière que nous avons affaire ici à quatre grammairiens du premier mérite.

« Il y a trois choses, dit-il, qui font que les enfans,
» ou les personnes plus avancées, après avoir travaillé
» durant tant d'années pour bien savoir la langue latine,
» n'en ont néanmoins qu'une connoissance très-foible
» et très-imparfaite, particulièrement pour l'écrire,
» ce qui devroit être le fruit principal de leurs études :
» La première est que souvent on se contente qu'ils
» ne fassent point de fautes contre leurs règles, ce qui
» est un grand abus, comme remarque Quintilien,
» parce, dit-il, qu'il y a grande différence entre parler
» selon la grammaire, et parler selon la pureté de la
» langue : *aliud est grammaticè, aliud latinè loqui.* »

M. le Comte. Je vous arrête ici, mon cher neveu,
car pour cette fois, il y a erreur manifeste de la part
de Quintilien et de son commentateur. Si les étudians
ne font pas plus de progrès dans la langue latine, ce n'est
point parce qu'on se contente qu'ils ne fassent point
de fautes contre leurs règles, ce qui ne seroit point un
abus, mais parce qu'on ne leur enseigne point toutes
les règles de la latinité, parce que la grammaire latine
est imparfaite et ne mérite point, pour ainsi dire, de porter ce titre. L'objet de la grammaire véritable est d'apprendre à parler purement une langue ; il est donc absurde de dire qu'il y a une grande différence entre parler selon les lois de la grammaire, et parler selon la
pureté de la langue. Il auroit bien pu se dispenser
d'aller chercher si loin, une citation aussi équivoque. Il
est probable que par son *latinè*, Quintilien vouloit
entendre la prononciation ancienne des Romains, que
nous ne pouvons pas plus imiter que l'atticisme des
Grecs. Le son de la voix, la respiration, les mouvemens du visage et même du corps faisoient partie

3 *

de la latinité, comme Cicéron nous l'enseigne lui-même ; mais ce n'est point de cela que nous nous occupons.

M. le Chevalier. Je l'ai senti comme vous. « Il » faut, continue cet auteur, suivre en effet la gram- » maire ; mais il faut après passer aux choses auxquelles » elle doit servir de passage. » Quelles sont ces choses ? Il ne le dit pas. Ce sont sans doute les constructions dont sa grammaire ne parle point.

« Il faut commencer par le fondement pour pouvoir » bâtir une maison ; mais si l'on ne fait que le fonde- » ment , on ne bâtira point de maison. »

Il me semble qu'il n'y a point ici de justesse dans la comparaison. La grammaire *n'enseigne* point seule- ment à poser le fondement du discours , mais à le cons- truire tout entier. Il y a des règles supérieures, il est vrai, pour la poésie et l'art oratoire : sans leur secours on peut parler une langue très-purement, en se con- formant aux principes de la grammaire.

« La seconde faute que l'on fait d'ordinaire, c'est » que pour remédier au mal que je viens de dire, » on y applique un remède qui est en effet un second » mal ; car , afin que les enfans n'écrivent pas seule- » ment selon les lois de la grammaire , mais encore dans » la pureté de la langue, on leur met entre les mains des » livres de phrases , les accoutumant à se servir des » plus élégantes , c'est-à-dire de celles qui paroissent » les plus recherchées et les moins communes. »

M. le Comte. Auroit-on besoin d'employer cette misérable ressource, si la grammaire contenoit les rè- gles de la construction latine ? Les étudians ne peuvent bien imiter les auteurs, qu'après la démonstration de leurs procédés et de leur méthode. Sans cela leur style ne sera en effet qu'une bigarrure extravagante.

« La troisième faute où tombent souvent ceux qui » veulent savoir la langue latine, c'est qu'ils n'observent » nullement le choix des auteurs dans lesquels elle a » paru en sa plus grande pureté....., c'est qu'ils n'es- » timent pas et ne lisent pas assez Cicéron qui est un » auteur incomparable, qui lui seul doit passer pour » beaucoup d'auteurs, et entretenir agréablement ceux » qui aiment les belles-lettres durant toute leur vie. »

M. le Docteur. Je souffrois beaucoup de voir cet auteur respectable entraîné dans l'erreur. En se rapprochant de Cicéron, il me rassure.

M. le Comte. C'est ce qu'il peut faire de mieux. Mais ce n'est point assez d'estimer et de lire Cicéron.

M. le Docteur. Que faut-il encore ?

M. le Comte. Le comprendre. Malgré son admiration pour cet écrivain extraordinaire, je crains qu'il ne l'ait point assez approfondi. Au reste, mon neveu va nous en instruire.

M. le Chevalier. Je passe sous silence tout ce qui a rapport aux déclinaisons et aux conjugaisons, comme choses connues, et j'arrive subitement à la syntaxe.

« La construction, dit l'auteur de la nouvelle mé- » thode de Port-Royal, que les Grecs appellent syntaxe, » n'est autre chose que la juste composition et l'arran- » rangement des parties dans l'oraison : »

Cette définition me paroît exacte.

« Elle se divise en simple ou régulière, et en figu- » rée ou irrégulière. La régulière est celle qui suit » l'ordre naturel, et qui approche beaucoup de la façon » de parler des langues vulgaires. L'irrégulière ou fi-

» gurée est celle qui s'éloigne de cet usage le plus com-
» mun, pour suivre certains tours et certaines façons
» de parler, ou plus courtes, ou plus élégantes, aux-
» quelles on voit que les auteurs se sont étudiés. »

J'attaque cette division qui me paroît vicieuse. Je
suis enclin à penser que les Latins n'ont jamais eu
deux sortes de syntaxes, parce que je ne vois point
deux sortes de construction dans les bons auteurs. Je
crois qu'ils n'en avoient qu'une simple, très-régulière,
quoique figurée.

M. le Comte. Votre conjecture est très-vraisem-
blable, l'auteur de Port-Royal dit que la syntaxe
simple suit l'ordre naturel, et qu'elle approche beaucoup
de la façon de parler des langues vulgaires. Mais ces
langues vulgaires ne suivent point l'ordre naturel ;
j'aurai bientôt l'occasion de vous le démontrer. Il appelle irrégulière la syntaxe figurée ; il se trompe encore :
la syntaxe figurée est la seule syntaxe régulière des
Latins, dont le discours étoit constamment figuré.

M. le Docteur. Ne vous trompez-vous point vous-
même, M. le Comte ? Prenez-y garde : votre assertion
renverseroit tout l'édifice de la nouvelle méthode si
généralement estimée.

M. le Comte. Il ne me paroît pas difficile de nous as-
surer de la vérité. Raisonnons. Conviendrez-vous avec
moi, que la construction du discours latin est figurée ?

M. le Docteur. Quand je n'en conviendrois point,
tous les auteurs du grand siècle sont là pour le prouver.

M. le Comte. Si la construction est figurée, il falloit
bien que la syntaxe, qui enseignoit cette construction
figurée, le fût elle-même ; et il falloit de plus qu'elle
fût régulière : car il me sembleroit ridicule de dire *que*

les Romains ; ces hommes si délicats en matière de
langage, ne suivoient qu'une syntaxe irrégulière dans
la composition de leurs discours. Ne nous laissons donc
point effrayer ni égarer par toutes les grammaires modernes, dont la syntaxe ne ressemble pas plus à celle
des Latins, qu'un petit ruisseau ne ressemble au cours
majestueux d'un fleuve. Je dirai plus, toute syntaxe
régulière doit être figurée. En effet, le discours ne doit-
il pas peindre les objets de la nature, les sensations de
notre ame, et les opérations de notre esprit, dans
l'ordre précis qu'ils ont existé ou qu'ils existent ? Le
discours est donc une représentation continuelle : les
phrases qui le composent, les membres de phrases,
les mots mêmes doivent être et sont en effet des figures.
Pourquoi donc la syntaxe ne seroit-elle pas figurée, elle
qui est chargée de placer, de combiner et d'arranger
toutes ces figures, pour en composer un tout raisonnable et régulier ?

M. le Docteur. Votre raisonnement est assez juste ;
mais je crois qu'il n'en est pas moins téméraire d'at—
taquer la grammaire de Port-Royal qui renferme tant
de choses rares.

M. le Comte. Permettez, Docteur. Nous n'at-
taquons point tous les détails précieux qui sont consignés dans la nouvelle méthode, dont j'ai moi-
même profité mille fois. Tout ce qui est bon dans
son ouvrage, je le reconnois pour tel, mais je ne
puis admettre sa division de la syntaxe. Il ne peut y
avoir de témérité à découvrir une erreur littéraire aussi
sérieuse que celle que j'aperçois, qui peut tromper,
et qui a en effet trompé tout le monde ; car je ne
connois point de réclamation sur ce sujet. Plus l'auteur

de la nouvelle méthode a de mérite et de crédit , plus
on doit mettre de zèle et d'exactitude à signaler ses
principes défectueux , justement parce que son opinion
fait autorité pour la plupart des lecteurs. Nous ne pour-
rions faire un seul pas vers la perfection , s'il nous
étoit défendu de nous servir de notre judiciaire , pour
découvrir les fautes de nos prédécesseurs.

M. le Chevalier. Ensuite notre grammairien retombe avec tous les autres dans le sentier commun. Il
divise encore la construction en deux ordres, l'un de
convenance et l'autre de régime. Nous avons déjà dit
que les règles de concordance et de régime ne sont
point proprement des règles de construction , mais
des règles préliminaires qui doivent nous conduire
à la construction , qui nous semblent devoir être
intermédiaires , dans une grammaire , entre les principes des déclinaisons , des conjugaisons et la théorie
de la syntaxe. Ainsi l'auteur de la nouvelle méthode ,
pour se tirer plus facilmeent d'embarras , se met à côté
de la question et l'élude tout-à-fait.

M. le Docteur. Vous concluez donc de là, qu'il n'a
point traité de la syntaxe réelle.

M. le Chevalier. A peu près, car je ne peux point
regarder comme syntaxe, ce qu'il traite dans la seconde
partie de la sienne dite figurée et irrégulière. Au reste,
vous allez en juger vous-même.

« La connoissance des figures de construction , dit
» la grammaire de Port-Royal, est si nécessaire, que
» sans elle, il n'est presque pas possible de rien entendre
» nettement dans les auteurs, de rien écrire qui ressente
» un peu cette pureté et naïveté latine des anciens. »

M. le Comte. Je le crois bien, les figures sont l'ame.

de la langue latine. Je ne conçois pas comment il a pu
dire précédemment que la syntaxe figurée étoit irrégulière, puisqu'il reconnoît ici qu'elle est si nécessaire.
Cela ne prouveroit-il pas, que malgré sa grande érudition, il n'avoit pas bien saisi l'esprit de la construction latine ; qu'il est en effet très-difficile d'expliquer,
étant privés de grammaires anciennes ?

M. le Chevalier. « Ces figures sont de quatre sortes,
» d'après le docte *Sanctius*, savoir : l'ellipse, le pléo-
» nasme, la syllepse ou synthèse et l'hyperbate. » Ose-
rai-je vous exposer ce que je pense de chacune d'elles?

M. le Comte. Vous pouvez le faire sans inconvénient.

M. le Chevalier. L'ellipse, qui est une omission de
mots, me paroît comme à mon oncle moins une beauté
qu'un défaut, malgré l'éloge qu'en a fait Furgault. Elle
pouvoit, dans l'ancien temps, donner à la phrase un
certain air de finesse que les hommes éloquens employoient sansdoute souvent. Ces subtilités, qui tenoient
à des circonstances locales, sont perdues pour nous,
qui souvent ne pouvons les comprendre que par des
substitutions forcées. Il étoit d'ailleurs fort rare de n'en
point abuser : nous en avons la preuve chez nous dans
le style des beaux esprits; un discours chargé d'ellipses
devient toujours obscur, *brevis, obscurus fio.* Cet ornement, en admettant que cela en soit un, ne constitue
pas le génie de la langue latine ; j'en dirai autant du
pléonasme, qui peut quelquefois faire une très-belle
figure de rhétorique, mais non point de grammaire,
comme on l'a fort mal à propos confondu.

Pour la syllepse, par laquelle on conçoit le sens
autrement que les mots ne portent, je ne puis m'en-
pêcher de la considérer, comme une véritable faute de

grammaire, qui se trouve dans les meilleurs auteurs latins, qui ont par là expié pour ainsi dire leurs trop grandes beautés. Les admirateurs de l'antiquité, cédant d'une part à la superstition littéraire, oubliant de l'autre que les écrivains les plus célèbres avoient pu faire des fautes, par cela seul qu'ils étoient des hommes (témoins parmi nous Racine et Boileau), furent étonnés d'en rencontrer dans les plus beaux ouvrages. Par respect et par reconnoissance pour les grands hommes qui leur avoient prodigué tant de lumières, ils voulurent sans doute couvrir ces taches, en les décorant du nom de figures. Cette complaisance ne change rien aux choses.

M. le Docteur. Il est plus probable que les Latins ont dans ce cas imité les Grecs qui ont pris souvent des licences semblables.

M. le Chevalier. Cela se peut. De toute manière, figure ou non, la syllepse ne m'instruit pas de la construction des Latins : il en est de même de l'hyperbate dont je n'entends pas bien la définition.

« L'hyperbate, dit Port-Royal, est le mélange et » la confusion qui se trouve dans l'ordre des mots, qui » devroit être commun à toutes les langues, selon l'idée » naturelle que nous avons de la construction ; mais les » Romains ont tellement affecté le discours figuré, qu'ils » ne parlent presque jamais autrement. »

Je ne vois pas pourquoi l'ordre des mots devroit être commun dans toutes les langues, puisqu'elles ont toutes un génie particulier; ou au moins, puisque la marche des langues anciennes est si différente de celle des langues modernes.

M. le Docteur. Ce qui a pu induire le solitaire de

Port-Royal en erreur, c'est qu'il croyoit apparemment que l'idée que nous avons de la construction étoit naturelle, et je commence à soupçonner qu'elle ne l'est pas ; j'aime au contraire à me persuader que le discours figuré des Latins est la pure expression de la simple nature.

M. le Chevalier. L'hyperbate, suivant laquelle les Romains construisoient, n'est donc pas la confusion dans l'ordre des mots ; ce qui signifieroit désordre. Toutes ces explications de figures de construction me paroissent si peu claires, que mes idées se troublent, au lieu de s'éclaircir.

M. le Comte. Remettez-vous un peu de votre agitation, Chevalier ; avec de la patience, nous pourrons arriver au but vers lequel nous tendons. Les efforts de l'auteur de la nouvelle méthode pour expliquer la construction latine, tout infructueux qu'ils sont, prouvent l'importance qu'il y attachoit. Son livre n'en renferme pas moins un grand nombre de détails qui attestent son courage et son savoir. A son défaut, et pour calmer un peu votre impatience, je vais hasarder quelques conjectures sur la construction.

Il y a deux sortes de construction : l'une analytique et l'autre synthétique. Les langues vulgaires ont adopté la première ; les langues anciennes ont toujours affecté la seconde, comme plus simple, plus naturelle, plus descriptive. Leur discours est partout relevé par la figure de locution appelée hyperbate, dont j'espère vous donner par la suite une bonne définition. Je me contente ici de vous exposer que la construction synthétique est bien plus naturelle que l'analytique. En effet, la synthèse descendant des causes aux effets, montre les choses bien plus clairement et bien plus simplement que l'analyse qui, en remontant des effets aux causes, fatigue l'esprit au lieu de le charmer. L'analyse me semble bien propre à la recherche de la vérité. Ainsi notre travail analytique de ce moment est singulièrement utile pour découvrir la loi générale des constructions latines ; mais une fois découverte, il seroit absurde de vouloir toujours procéder de la même manière, pour en faire l'application. L'auteur habile qui tient sous sa plume tous les élémens de sa phrase, a bien plus d'avantage de présenter la cause avant l'effet, quand la flexibilité de sa langue le lui permet. Dans les idiomes privés de déclinaisons, cette construction est presque impossible, tandis que dans le latin, où les désinences des noms sont nombreuses et variées, elle est facile et même nécessaire. C'est cette différence d'analogie qui n'a pas été saisie par tant de savans, d'ailleurs fort éclairés et très-célèbres. Si ce que je viens d'avancer est juste, il s'ensuit que les langues vulgaires ne suivent point l'ordre naturel si religieusement observé par les anciens. Car, que doit-on entendre par l'ordre naturel, dont tout le monde parle sans bien peser la force de ces mots, et par conséquent sans y attacher les mêmes idées ? Les mots sont dans la dépendance des choses ; or, quand la synthèse ordonne ces mêmes mots, par rapport à la priorité des idées, à la filiation des pensées, à la succession des événemens, je pense qu'elle suit l'ordre naturel. N'est-ce pas ce que font constamment les Latins ? J'en conclus que ce que nous appelons dans notre langue française ordre naturel, ne l'est point dans la langue latine, ni même dans la nature.

M. le Chevalier. Ne pouvant m'instruire de la raison des constructions latines dans la nouvelle méthode
que je quitte à regret, je ne vis aucun auteur plus
célèbre ni plus capable de me satisfaire que le fameux
Rollin, l'oracle de l'ancienne Université de Paris. Je
parcourus avec le plus grand soin son excellent traité
des études, et je m'arrêtai à l'article de ses réflexions
générales sur le goût.

« Le goût, dit-il, tel que nous le considérons ici,
» c'est-à-dire par rapport à la lecture des auteurs et à
» la *composition*, est un discernement délicat, vif, net
» et précis de toute la beauté, la vérité et la justesse
» des pensées et des expressions qui entrent dans un
» discours. Il distingue ce qu'il y a de conforme aux
» plus exactes bienséances, de propre à chaque ca-
» ractère, de convenable aux différentes circonstances;
» et, pendant qu'il remarque par un sentiment fin et
» exquis les grâces, les tours, les manières, les expres-
» sions les plus capables de plaire, il aperçoit aussi
» les défauts qui produisent un effet tout contraire, et
» il démêle précisément en quoi consistent ces défauts,
» jusqu'où ils s'écartent des règles sévères de l'art et
» des vraies beautés de la nature. »

Ce passage est certainement plein de sens et de goût
et nous promet de grands éclaircissemens.

« Cette heureuse qualité que l'on sent mieux que
» l'on ne peut la définir, est moins l'effet du génie que
» du jugement et d'une espèce de raison naturelle
» perfectionnée par l'étude. »

M. le Comte. Rollin a parfaitement raisonné. Il y
a du plaisir à entendre parler un homme aussi judicieux
sur une matière aussi délicate. Si le goût dérivoit du

génie, depuis long-temps notre question seroit réso-
lue ; mais il naît du jugement, qui est une qualité
beaucoup plus rare. C'est le privilége de la raison naturelle ; mais l'étude loin de la perfectionner, la per-
vertit, quand elle est mal dirigée.

M. le Chevalier. « Elle sert dans la composition à
» guider l'esprit et à le régler. »

Je demande ici pardon à Rollin, si j'ose le contredire.
Le goût, ce me semble, soutient l'esprit dans la composition, mais ne suffit pas pour le guider, encore
moins pour le régler. Des principes fixes, certains,
déterminés, doivent selon moi, précéder le goût qui
sait en faire le plus heureux usage. Supposez qu'un
maçon ait bâti une maison avec goût, si elle est construite contre les règles de l'architecture, elle n'a point
d'élégance véritable, elle est bientôt écroulée.

M. le Comte. Fort bien, Chevalier, votre logique
me plaît. Ce qui est régulier est le seul beau. Combien
de latinistes ont composé des ouvrages qui annoncent
du goût, mais un goût frivole, parce qu'il ne repose
point sur des principes invariables. Leurs productions,
d'après leur propre aveu, n'ont point de solidité. Rollin
lui-même est convenu, que quand nous composions
en latin, nous ne faisions que du français latinisé.

M. le Chevalier. « Ce goût simple et unique dans
» son principe se varie et se multiplie en une infinité
» de manières, de sorte pourtant que sous mille formes
» différentes, en prose ou en vers, dans un style étendu
» ou serré, sublime ou simple, enjoué ou sérieux,
» il est toujours le même, et porte partout un certain
» caractère de vrai et de naturel qui se fait d'abord sentir
» à quiconque a du discernement. »

Rien n'est plus exact : nous n'aurions plus rien à
desirer, si Rollin nous avoit fait connoître le principe
éternel de ce goût simple et unique, que j'imagine
n'être autre chose que la régularité. Ses réflexions sont
si belles, que je regrette infiniment qu'il n'ait pas donné
ses conjectures, au moins, sur ce point intéressant. Un
recteur tel que Rollin, étoit bien digne de retrouver la
cause première des effets qu'il sentoit si bien, de dicter
les lois de la pure latinité.

M. le Comte. Quoi de plus propre, mon cher neveu,
à abaisser l'orgueil des savans, que de voir un maître
aussi profond que celui dont nous examinons en ce
moment la doctrine, lutter de toutes ses forces contre
la difficulté qui nous suspend, et succomber encore !
Continuez cependant votre analyse. Rollin peut nous
instruire, alors même qu'il erre. C'est Descartes qui,
avec ses tourbillons, prépare de loin l'explication du
système du monde.

M. le Chevalier. « On ne peut pas dire que le style
» de Térence, de Phèdre, de Salluste, de César,
» de Cicéron, de Tite-Live, de Virgile, d'Horace, soit
» le même. Ils ont tous néanmoins, s'il est permis de
» parler ainsi, une certaine teinture d'esprit qui leur
» est commune, et qui, dans cette diversité de génie
» et de style, les rapproche et les réunit, et met une
» différence sensible entre eux et les autres écrivains
» qui ne sont pas marqués au coin de la bonne anti-
» quité. »

M. le Comte. Ce n'est pas le goût seul, mon cher neveu, qui a donné à ces écrivains illustres cette conformité de génie, puisque dans le fait ils avoient tous un genre
différent. N'est-il pas présumable que ce fut l'observa-

tion des mêmes règles qui les rapprocha et les réunit ?
Les bons peintres sont dans ce cas : chacun a son genre
dans lequel il excelle ; ils montrent autant de goût les
uns que les autres, parce qu'ils sont d'accord sur les
principes fondamentaux de leur art. Les latinistes sont
dans une espèce d'anarchie ; les règles qui devroient les
guider sont depuis long-temps oubliées ; car, à la lecture de Quintilien lui-même, on voit qu'elles n'étoient
déjà plus suivies de son temps.

M. le Chevalier. « Quelque dépravé que soit néan-
» moins le goût, il ne périt pas entièrement ; il en reste
» toujours dans les hommes des points fixes, gravés au
» fond de leur esprit, dans lesquels ils conviennent et
» se réunissent. Quand ces semences secrètes sont cul-
» tivées avec soin, elles peuvent être conduites à une
» perfection plus distincte et plus démêlée. »

M. le Comte. Si les règles nous manquent, heureusement que le goût nous reste ; car il ne périt jamais
entièrement, comme le dit fort bien Rollin. Peut-être
pourra-t-il nous servir à les retrouver.

M. le Chevalier. « Et s'il arrive que ces premières
» notions soient réveillées par quelque lumière dont
» l'éclat rende les esprits attentifs aux règles immuables
» du vrai et du beau, qui en découvre les suites natu-
» relles et les conséquences nécessaires, et qui leur serve
» en même temps de modèle pour en faciliter l'appli-
» cation, on voit ordinairement les plus sensés se dé-
» tromper avec joie de leurs vieilles erreurs, corriger la
» fausseté de leurs anciens jugemens, revenir à ce
» qu'un goût épuré et sûr a de plus juste, de plus dé-
» licat et de plus fin, et y entraîner peu à peu *tous les*
» *autres.* »

Ce grand maître semble inspiré dans ce morceau sublime : il revient enfin aux règles immuables sans lesquelles tout est ténèbres. Que n'auroit-il pas dit, s'il avoit trouvé la raison des constructions latines qu'il soupçonnoit, qu'il sentoit même, sans pouvoir la maîtriser ni la développer ?

M. le Docteur. Si la lumière dont il parle pouvoit enfin briller à nos yeux, rendre nos esprits attentifs aux règles immuables de la belle latinité, nous en découvrir les suites naturelles et les conséquences nécessaires, avec quelle joie nous abjurerions nos vieilles erreurs, nous corrigerions la fausseté de nos anciens jugemens, et nous tâcherions d'entraîner tous les autres à l'imitation parfaite des anciens modèles ! Ne nous décourageons pas.

M. le Comte. Le moment de notre réveil, qui semble si sagement prévu par le docte de Rollin, n'est pas fort éloigné, Messieurs, j'aime à le croire. Déjà j'ai entrevu les premiers rayons de cette lumière désirée ; ils blanchissent l'extrémité orientale de notre horizon sensible. Le crépuscule matutinal commence, profitons de la foible clarté qu'il nous procure, et, tandis que tous les mortels sont encore assoupis dans les bras du sommeil, tâchons de leur ménager par nos travaux assidus la jouissance d'un beau jour. Bientôt, Messieurs, bientôt tous les yeux s'ouvriront ; toutes les opinions insensées, tous les faux jugemens, toutes les folles erreurs s'évanouiront aussi rapidement que les songes bizarres et les ombres nocturnes s'enfuient à l'approche du soleil.

M. le Docteur. Cette révolution se fera-t-elle sans secousse et sans bruit ?

4

M. le Comte. Oui, M. le Docteur. Les littérateurs ne demandent pas mieux que de voir clair, pour admirer tout à leur aise les beaux effets de la construction latine. Il y aura peut-être quelque opposition ; mais elle ne sera ni longue ni sérieuse. Quand l'aurore a ouvert les portes de l'orient, les ténèbres combattent les rayons naissans qu'elles voudroient intercepter et éteindre ; mais c'est en vain. Le char d'Apollon roule malgré leurs efforts, et toute la terre s'embellit. De même, quand la vigilance aura annoncé la véritable construction des Latins, tous les esprits ténébreux se ligueront pour la repousser ; mais le génie de Cicéron se propagera malgré leurs clameurs inutiles.

M. le Chevalier. Avant de quitter Rollin, je ne puis me refuser au plaisir de vous rapporter un trait d'histoire qu'il a puisé dans la Cyropédie de Xénophon :

« Le jeune Cyrus, fils de Cambyse, roi des Perses,
» avoit eu long-temps, pour se former dans l'art mi-
» litaire, un maître, sans doute le plus habile et le
» plus estimé de son temps : Un jour, Cambyse s'en-
» tretenant avec son fils, le mit sur l'article de son
» maître, dont ce jeune prince avoit une fort grande
» idée, et de qui il prétendoit avoir appris générale-
» ment tout ce qui est nécessaire pour bien comman-
» der des troupes. Votre maître, lui dit Cambyse,
» vous a-t-il donné quelques leçons d'économie, c'est-
» à-dire, de la manière dont il faut pourvoir aux be-
» soins d'une armée, préparer des vivres, prévenir
» les maladies, songer à la santé des soldats, fortifier
» leurs corps par de fréquens exercices, exciter parmi
» eux de l'émulation, savoir se faire obéir, se faire
» estimer, se faire aimer des troupes? Sur chacun de

» ces points, et sur beaucoup d'autres que le roi
» parcourut, Cyrus répondit qu'on ne lui en avoit
» jamais dit un mot, et que tout cela étoit nouveau
» pour lui. Et que vous a-t-il donc montré? A faire
» des armes, dit le jeune prince, à monter à cheval,
» à tirer de l'arc, lancer un javelot, dessiner un camp,
» tracer un plan de fortification, ranger des troupes
» en bataille, en faire la revue, les voir marcher,
» défiler, camper. Cambyse se mit à rire, et fit en-
» tendre à son fils qu'on ne lui avoit rien enseigné de
» ce qu'il y a d'essentiel pour un bon officier et pour
» un habile général ; et, dans une seule conversation,
» qui mériteroit certainement d'être bien étudiée par
» les jeunes gens de qualité destinés à la guerre, il lui
» en apprit infiniment plus que n'avoit fait, pendant
» plusieurs années, ce maître renommé. »

M. le Docteur. Ce passage est infiniment curieux.

M. le Chevalier. Vous allez voir combien j'ai dû
en être frappé. Dernièrement, Messieurs, je me trou-
vai dans un cercle de parens et d'amis. Un ancien officier faisoit partie de l'assemblée : il me parla
avec bonté, et me demanda où j'en étois de mes
études. Comme mon précepteur est un homme fort
instruit, et que j'ai assez bien profité de ses leçons, je
me croyois habile. Je lui répondis donc avec cette
folle présomption qui n'est que trop ordinaire aux
jeunes gens. Vous a-t-on montré, me dit-il, la construction des latins, c'est-à-dire, quelle place chaque
mot doit occuper dans la phrase, quand le nominatif
doit être de l'avant-garde ou de l'arrière-garde,
pourquoi le régime, dans la phrase latine, marche

4 *

devant son verbe, pourquoi l'adjectif précède ordinairement son substantif, dans quel cas l'adverbe doit
suivre le verbe qu'il modifie, quelle subordination
enfin chaque membre de phrase doit observer dans
l'assemblage d'une période? A toutes ces questions,
je répondis : Non. Que vous a-t-on donc enseigné?
A traduire les anciens auteurs, lui ai-je dit, à faire
des thèmes, des vers, des amplifications. On ne vous
a rien appris, reprit-il, de ce qu'il y a de plus essentiel et de plus nécessaire pour former un bon latiniste,
un habile littérateur. Il en est des mots, continua-t-il,
comme des hommes : chacun doit être à son rang;
sans cela, il n'y a que confusion. Par exemple, je
suis militaire : si, lorsque je commande ma troupe,
les tambours, musiciens, soldats, sous-officiers, offi-
ciers, étoient placés arbitrairement et pêle-mêle, je
ne ferois certainement rien de bien. Quand vous com-
posez, vous devez imiter ma tactique. Mettez, dans
l'arrangement des parties du discours, l'ordre que
j'établis parmi mes soldats, elles vous seront soumises.
Quand je suis à la manœuvre, les chefs de pelotons,
les serre-files, les soldats, tous obéissent à ma voix:
ils vont, courent, reviennent, à chaque commande-
ment, aux postes fixes qui leur sont assignés ; et,
dans tous leurs exercices, il n'y a ni trouble, ni confusion, parce que l'ordre préside à leurs mouvemens.
Ce respectable général m'avoit promis un entretien
particulier sur cet objet si important; mais, quand
j'allai le lendemain pour lui offrir mon hommage,
j'appris avec le plus grand chagrin qu'il étoit parti.
Depuis ce moment, Messieurs, je m'occupe à chercher cet ordre si essentiel à la construction latine.

Mes recherches n'ont pas été heureuses, mais je
compte beaucoup sur vos secours.

M. le Comte. Nous ferons tout ce que nous pourrons pour ne point tromper votre attente. Mais votre
aventure est assez remarquable, mon chér neveu :
vous voyez, par l'exemple de ce brave officier, que la
carrière des armes à laquelle vous êtes destiné, n'em-
pêche pas de cultiver les belles-lettres, et que vous ne
sauriez acquérir trop de talens, pour vous rendre plus
digne de servir votre souverain.

M. le Chevalier. C'est mon unique ambition, et
j'attends avec impatience le jour glorieux où il me sera
permis d'entrer dans les rangs de ces braves, qui ont
attaché la victoire à leurs aigles triomphales.

M. le Comte. Je n'en attendois pas moins de la no-
blesse de votre ame et de la grandeur de votre courage.
Rendons-nous au salon où nous trouverons bonne
compagnie. Demain, M. le Docteur, vous nous com-
muniquerez le travail que vous avez fait.

M. le Docteur. Messieurs, je suis toujours à vos
ordres.

TROISIÈME DIALOGUE.

INTERLOCUTEURS.

M. LE COMTE.
M. LE DOCTEUR.
M. LE CHEVALIER.

M. le Chevalier. Messieurs, je n'ai point fermé l'œil cette nuit, qui m'a paru d'une longueur infinie, tant je desirois entendre M. le Docteur nous rapporter l'opinion des littérateurs modernes touchant la construction du discours latin.

M. le Comte. Mon cher Docteur, je ne suis pas moins curieux que mon neveu de savoir sous quel aspect vous avez envisagé leurs ouvrages, et quel jugement vous portez de leur doctrine.

M. le Docteur. Je me suis engagé dans une expédition difficile, et je ne sais comment me tirer d'affaire dans une position si délicate. Vous concevez que, parmi le grand nombre de littérateurs et de grammairiens célèbres qui ont brillé en France, je n'ai dû m'attacher qu'aux plus fameux, parce que c'étoit dans leurs écrits que je devois espérer rencontrer les éclaircissemens les plus satifaisans, et que leur science reconnue, leur grande renommée rendent mon travail plus épineux. Comment en effet oser n'être pas de l'avis de cette foule de savans distingués dont l'esprit, les connoissances, la judiciaire et les talens sont si supérieurs à mes foibles lumières. Si j'ai la force de combattre des auteurs dont la gloire est immortelle, ne m'accuserez-vous point de témérité, de présomption, de folie ?

M. le Comte. Non, M. le Docteur. Si vous vous décidez à critiquer certains endroits des ouvrages composés par les savans du premier ordre, pour notre instruction commune, ce ne sera point certainement ceux où brillent les beautés de tout genre, qui ont donné lieu à l'espèce de culte qu'on leur rend ; mais bien les passages peu nombreux où vous apercevrez quelque aberration qu'il est toujours utile de relever. Quel esprit seroit assez chagrin pour condamner votre zèle !

M. le Docteur. En supposant qu'on me pardonnât la liberté que je prendrois de contredire mes maîtres, puis-je le faire sans manquer aux égards, à la reconnoissance, au respect qui leur sont si justement dus ?

M. le Comte. Une honnête liberté n'a rien d'offensant pour les hommes raisonnables, qui, loin de vous blâmer, vous accorderont leur estime.

M. le Docteur. Et si je me trompe moi-même.

M. le Comte. Dans ce cas, je me charge de vous avertir.

M. le Docteur. Puisque vous me promettez tant d'indulgence, je cède à votre volonté. Je vais commencer par l'examen du Cours de littérature de La Harpe que les Parques nous ont trop tôt ravi. Ses vertus égalèrent ses talens. Les amis des lettres versent tous les jours des larmes pieuses sur sa tombe. Couvrons-la

de fleurs, en attendant que son ombre soit évoquée
par notre auguste Empereur, pour recevoir de sa
main magnanime la couronne décennale, plus glo-
rieuse cent fois que toutes celles que les Romains dé-
cernoient à leurs héros. O ma patrie! quelle doit être
ta joie de voir préparer, dans la plus brillante cour
de l'Europe, une pompe solennelle qui sera bien
autrement utile que les jeux olympiques tant vantés
dans la Grèce! Des étrangers de tous les pays cou-
roient en foule pour assister à leur célébration; mais
le monde entier voudra prendre part à la cérémonie la
plus majestueuse qui puisse être ordonnée dans le plus
grand des siècles. Les arts et les sciences, qui entou-
rent le trône de Napoléon, y seront fixés pour jamais.

« Quand le philosophe pense à tout le chemin qu'il
» a fallu faire pour parvenir à un langage régulier et
» raisonnable, malgré ses imperfections; la formation
» des langues paroît une des merveilles de l'esprit
» humain, que deux choses seules rendent conce-
» vable, le temps et la nécessité. »

Cette pensée est grande et juste. La nécessité est
sans doute la première cause du langage, et, pour le
rendre régulier, il faut un temps considérable. On n'a
pas calculé, je crois, pendant combien de siècles on a
travaillé à la perfection de la langue latine, dont l'origine remonte bien plus haut que la fondation de
Rome, puisque les Latins formoient un peuple particulier, qui fut à la vérité vaincu par les Romains,
mais qui lui donna son idiome et probablement une
partie de ses usages. Si ce fait n'est pas bien clairement
constaté par l'histoire, il se déduit naturellement de la
beauté, de la régularité et de la sublimité même de

la langue latine. Ne soyons donc pas étonnés si les
langues modernes sont si irrégulières. Le temps ne
leur a pas encore permis d'arriver à leur plus grande
amplitude.

« Une des premières qualités d'une langue est de
» présenter à l'esprit le plus tôt et le plus clairement
» possible, les rapports que les mots ont les uns avec
» les autres dans la composition d'une phrase. »

Le latin jouit de cet avantage immense par le moyen
de ses déclinaisons et conjugaisons, qui lui donnent la
faculté de tourner sa phrase comme il lui plaît, je veux
dire, comme les circonstances l'exigent : ce que nous
nommons improprement inversion. Car il est probable
qu'il n'y a de renversement que dans nos fausses idées
sur la construction du discours. Avec un tel secours,
chaque mot devient une image qui frappe l'esprit, et
la réunion de ces images placées naturellement dans un
ordre rationnel forme un tout harmonieux, un tableau
parfait que nous désignons par le mot phrase.

« La privation de cas est une des causes capitales
» qui font que l'inversion n'est point naturelle, et qui
» nous privent par conséquent d'un des plus précieux
» avantages des langues anciennes. »

Ici La Harpe reconnoît l'inversion (j'emploie ce
mot dans son acception vulgaire, car les Latins entendoient par inversion autre chose que nous) comme
un très-grand avantage. Plus loin il le spécifie.

« Demandez, dit-il, aux poëtes, aux historiens, aux
» orateurs si c'est pour eux la même chose d'être
» obligés de mettre toujours les mots à la même place,
» ou de les placer où l'on veut ? »

Nous voyons par ce passage qu'il estime surtout

l'inversion , pour l'harmonie du discours ; pour les chutes sonores et nombreuses, et je crois que ce n'est point là son principal avantage.

M. le Comte. Il en est un autre plus rare , d'où dérive ce second ; sans quoi la construction seroit arbitraire , ce qui n'est pas. C'est une erreur de dire qu'on peut en latin mettre les mots où l'on veut. Cette seule phrase prouve que La Harpe n'a point deviné l'artifice des constructions latines.

M. le Docteur. Il apporte un exemple d'inversion française : « Pourquoi sera-t-on toujours choqué d'en-
» tendre dire , *la vie conserver je voudrois ?* c'est que
» ce mot *la vie* ne présente à l'esprit aucun rapport quel-
» conque où l'on puisse s'arrêter. Mais si je commence ma
» phrase par le mot *vitam*, me voilà d'abord averti par
» la désinence qui frappe mon oreille , que j'entends
» un accusatif, c'est-à-dire un régime qui me promet un
» verbe : je sais d'où je pars et où je vais ; et ce qui est
» pour un Français une inversion forcée qui le trouble,
» est pour moi, Latin, un ordre naturel d'idées. »

Ce raisonnement me paroît mal assis. Les Latins, selon moi, disent *vitam servare volo*, parce que *vitam* est une cause de conservation , et que *servare volo*, exprime l'effet de cette cause. La phrase française : *Je veux conserver la vie* , n'admet pas cette heureuse subordination. Le latin , comme l'a bien senti La Harpe sans en donner la véritable raison , suit l'ordre naturel des idées, et le français s'en éloigne beaucoup. Ces deux constructions ne sont pas du tout indifférentes : elles constituent, au contraire, le génie particulier de ces deux langues.

D'ailleurs , j'éprouve une grande satisfaction en

voyant un littérateur aussi profond, canoniser, pour ainsi dire, mon opinion sur ce qu'on doit entendre par ordre naturel des idées.

« La clarté de notre marche méthodique dont nous
» nous vantons, quoiqu'assurément elle ne soit pas
» plus claire que la marche libre, rapide et variée des
» anciens, n'est qu'une suite indispensable des en-
» traves de notre idiome : forcé est bien à celui qui
» porte des chaînes de mesurer ses pas ; et nous avons
» fait, comme on dit, de nécessité vertu. Mais quelle
» foule d'avantages inappréciables résultoit de cet heu-
» reux privilége de l'inversion ! Quelle prodigieuse
» variété d'effets et de combinaisons naissoit de cette
» libre disposition des mots, arrangés de manière
» à faire valoir toutes les parties de la phrase, à les
» couper, à les suspendre, à les opposer, à les ras-
» sembler, à attacher toujours l'oreille et l'imagina-
» tion, sans que toute cette composition artificielle
» laissât le moindre nuage dans l'esprit ! »

Ce savant ne sentoit qu'une partie de la beauté de la construction latine, dont il ne peut nous transmettre les règles.

M. le Comte. S'il les avoit connues lui-même, son enthousiasme eût été bien plus grand, son admira-tion plus profonde et mieux raisonnée ; car enfin, il faut l'avouer, La Harpe parle comme un grand ama-teur de la langue latine, mais qui auroit été bien embarrassé, comme tant d'autres, pour écrire purement en latin. J'ai lu son Cours de Littérature avec beaucoup de plaisir, et j'y ai remarqué son analyse du commencement du quatrième livre de Quinte-Curce.

Darius tanti modò exercitûs rex, qui triumphantis

magis, quàm dimicantis more curru sublimis inie-
rat prœlium ; per loca, quœ propè immensis agmi-
nibus compleverat, jam inania et ingenti solitu-
dine vasta, fugiebat.

Il traduit ainsi cette phrase :

« *Darius, un peu auparavant, maître d'une puis-*
» *sante armée, et qui s'étoit avancé au combat,*
» *élevé sur un char, dans l'appareil d'un triom-*
» *phateur plutôt que d'un général ; alors au travers*
» *des campagnes qu'il avoit remplies de ses innom-*
» *brables bataillons, et qui n'offroient plus qu'une*
» *vaste solitude, fuyoit.* »

« Cette construction, dit-il, est très-mauvaise en
» français, et ce mot *fuyoit,* ainsi isolé, finit très-
» mal la phrase, et forme une chute sèche et désa-
» gréable. Il la termine admirablement dans le latin. »

Ce n'est pas dans la chute *fugiebat* que consiste la
grande beauté de ce tableau pittoresque, bien qu'elle
y contribue, mais dans l'idée qui s'y trouve attachée.
Fugiebat exprime la dernière action de ce tableau.

« Il est facile d'apercevoir l'art de l'auteur, même
» sans entendre sa langue. »

Voilà de l'exagération. Comment donc, lui qui l'entendoit bien, et qui a sans contredit aperçu l'art de
l'auteur, ne nous l'a-t-il point expliqué tout entier,
pour l'instruction de la postérité ?

« A la vérité, l'on ne peut pas deviner que le
» mot *fugiebat,* composé de deux brèves et de deux
» longues, complète très-bien la phrase harmonique,
» au lieu que *fuyoit* est un mot lourd et sec ; mais
» on voit clairement que la phrase est construite de
» manière à faire attendre jusqu'à la fin ce mot *fu-*

» *giebat*, que c'est là le grand coup que l'historien
» veut frapper. »

Ainsi toute cette phrase n'a été construite que pour
l'harmonie, que pour amener la chute nombreuse de
fugiebat. Ah! Quinte-Curce étoit un plus grand peintre
d'histoire que ne l'a pensé La Harpe : il s'occupoit
bien plus des choses que des mots , parce qu'il savoit ,
d'après le précepte de Cicéron, que l'élégance et la
beauté sont une suite inévitable de la régularité. Si je
ne craignois d'interrompre plus long-temps M. le Docteur, et d'anticiper sur l'ordre de nos matières, je vous
prierois de me permettre de hasarder mes idées con-
jecturales sur l'économie de cette phrase.

M. le Docteur. Ce seroit au contraire nous obliger
d'une part , et de l'autre jeter en avant quelques traits
de lumière.

M. le Comte. Hé bien! Messieurs, sans m'arrêter au
tour harmonieux de cette phrase sublime dont le nombre
charme autant mon oreille , que les pensées élèvent mon
imagination , j'admire dans cette magnifique descrip-
tion un tableau parfait, dont tous les incidens sont rangés selon l'ordre des temps, des lieux et des actions.
Les mots y sont placés selon la gradation des évènemens.

Darius tanti modò exercitûs rex : c'est le fond du
tableau qui me montre Darius, ce puissant monarque
commandant une armée innombrable ; cette situation
est intéressante, parce qu'elle tend à faire mieux ressortir
la défaite future de ce roi si heureux.

*Triumphantis magis quàm dimicantis more curru
sublimis inierat prœlium* ; je le vois s'avancer ensuite
plutôt comme un triomphateur que comme un guerrier
disposé au combat, il est élevé sur son char, la bataille

s'engage, et mes sens sont suspendus : il y a là une pause remarquable au milieu de la période.

Per loca , quæ propè. immensis agminibus cóm-pleverat : le développement des troupes , et les ma-nœuvres s'exécutent , les campagnes sont couvertes de bataillons si épais , que je ne puis en mesurer l'étendue.

Jam in ania et ingenti solitudine vasta , fugiebat ; et déjà je n'aperçois plus qu'un désert , une vaste soli-tude à travers laquelle ce monarque infortuné précipite ses pas, il fuit; et mon œil, sensible à son malheur, l'ac-compagne fidèlement dans sa triste déroute, *fugiebat;* il fuyoit.

Cette belle ordonnance des pensées n'est-elle pas infiniment supérieure à l'harmonie de la phrase ? ou plutôt n'est-ce pas elle qui la produit ? Et d'ailleurs dans cette catastrophe horrible , il ne s'agissoit point de flatter l'oreille , mais d'exciter l'admiration , la terreur et la pitié : c'est là le grand coup que l'historien a frappé. Si La Harpe avoit bien goûté Cicéron , il auroit envisagé ce beau morceau sous un autre aspect. ,

M. le Docteur. Nous allons voir ce qu'il pensoit des ouvrages du prince des orateurs, concernant l'élocution.

« Rien ne semble plus curieux , dit-il , et plus inté-
» ressant que d'entendre Cicéron parler de l'éloquence ,
» et l'on croiroit volontiers que l'examen de ses ouvrages
» sur cette matière, doit être un des objets les plus
» agréables que nous ayons à considérer. Il ne faut pour-
» tant point s'y tromper, Cicéron parle à des Romains.
» Plus ses traités sont habilement appropriés à l'ins-
» truction de ses concitoyens, et plus il doit s'éloigner
» de nous. »

M. le Comte. Est-ce bien La Harpe , dont je res-

pecle la mémoire et les talens autant que qui que ce soit,
est-ce bien lui qui tient ce langage ? Il n'y a plus dé
Romains depuis long-temps , j'en conviens ; mais
n'y a-t-il pas des Français, et des Français dignes d'entendre les écrivains du siècle d'Auguste ? Ne s'en
trouve-t-il point au moins quelques-uns capables de
sentir les vraies beautés du latin pur , et de saisir l'admirable artifice de ce riche idiome ? L'examen des ouvrages de Cicéron sera toujours un des objets , je ne
dis pas seulement les plus agréables ; mais les plus
utiles, les plus rares et les plus sublimes que nous
puissions avoir à considérer. Plus ses traités sont habilement appropriés à l'instruction de ses concitoyens ,
plus ils conviennent à la nôtre , plus nous devons les
feuilleter, les étudier , les méditer ; car les secrets de
la bonne latinité peuvent n'être point plus étrangers
aux modernes qu'aux Romains eux-mêmes , puisque
nous parlons et nous écrivons leur langue. Approchons-
nous de Cicéron pour l'entendre, et Cicéron ne s'éloignera pas de nous.

 M. le Docteur. « Ce n'est pas , continue La Harpe,
» que les principes généraux , les premiers élémens ne
» soient en tous temps., en tous lieux les mêmes ; mais
» tous les moyens, toutes les finesses , toutes les res-
» sources de l'art, tout ce qui appartient aux convenances
» du style , aux bienséances locales , tous ces détails si
» riches sous la plume d'un maître tel que Cicéron, sont
» tellement adaptés à des idées, à des formes, à des mœurs
» qui nous sont étrangères, que , pour en séparer ce
» qui peut nous convenir, il faut un travail particulier,
» une étude suivie, que jusqu'ici l'on n'avoit droit de
» prescrire qu'à ceux qui se destinoient au barreau. »

Nous ne sommes certainement point placés dans les
mêmes circonstances que Cicéron, la différence des
mœurs amène celle du style, et je trouve le sentiment
de La Harpe assez juste.

M. le Comte. Vous passez donc sous silence tant
d'erreurs si funestes aux progrès des sciences ! Oui , les
principes généraux sont les mêmes en tous temps ,
en tous lieux ; c'est pour cela qu'il faut respecter les
ouvrages anciens qui les contiennent. En détacher la
moindre partie , est une espèce de sacrilége. Tous les
moyens, toutes les finesses , toutes les ressources de
l'art peuvent nous convenir parfaitement : nous en
sentons le besoin fort souvent , sans pouvoir le satisfaire , parce qu'on n'a pas voulu étudier assez le maître
des maîtres. Pourquoi les avocats seroient-ils seuls
obligés d'approfondir les livres oratoires de Cicéron ?
sont-ils les seuls savans qui prononcent des harangues ?
Les orateurs de Rome agitoient au sénat et dans l'assemblée du peuple, les plus grandes questions de la politique,
ils traitoient des grandes affaires civiles, du comman-
dement des armées, de la paix , de la guerre, ils ba-
lançoient le destin des rois ; nos conseillers-d'état
exercent les mêmes fonctions, avec la même dignité ,
par l'ordre de notre souverain. Et de plus, nos orateurs
chrétiens ont-ils un ministère moins auguste à remplir ?
ne doivent-ils pas entretenir les princes de la terre,
aussi bien que les peuples, des affaires les plus importantes pour l'homme , des peines de la vie, des
devoirs de la mort, et des desseins impénétrables du
seul maître de tous les rois ? Faut-il moins d'éloquence
pour parler de l'éternité au nom de Dieu, qu'il n'en
a fallu pour parler, au nom du peuple Romain , des

grandeurs périssables dont il ne reste aujourd'hui qu'un triste souvenir.

M. le Docteur. J'ajouterai à vos réflexions, M. le Comte, que nous avons bien le droit d'attendre un travail particulier, une étude suivie des ouvrages de Cicéron, des professeurs salariés par l'État, qui tiennent dans leurs mains le dépôt sacré des sciences. Chargés de l'instruction de toute la jeunesse qui fleurit dans ce vaste Empire, ils ne peuvent se dispenser d'apprendre et de savoir ce qu'ils veulent eux-mêmes enseigner. Et combien y en a-t-il qui ignorent le génie des constructions latines, seulement parce qu'ils n'ont pas assez étudié les anciens ? Personne pourtant n'a plus de loisir, plus de commodités, plus de raisons de se livrer à cette étude agréable, qui doit constituer tout le bonheur de cette belle profession, comme elle en fait toute la gloire.

M. le Comte. Il me paroît en outre fort raisonnable d'exiger des hommes de lettres qui font des cours de littérature, une connoissance assez approfondie des grands modèles, pour ne point semer dans leurs leçons et leurs ouvrages des erreurs capables d'étouffer le feu sacré de l'émulation et de détourner les esprits de la recherche de la vérité : ce qui arrive toutes les fois qu'on veut donner son opinion pour des faits. Je ne pense pas que cette méthode ait été celle d'Aristote qui instruisoit les jeunes Grecs dans le lycée d'Athènes.

M. le Docteur. Vous voyez, Messieurs, par ce qui précède, que nous ne pouvons point attendre de plus grand éclaircissement sur les inversions latines, d'un littérateur si célèbre, qui a été l'ornement de son siècle, dont les ouvrages précieux sont entre les mains

5

de tous les savans, qui a enfin reçu le témoignage le plus honorable de l'Institut, qui a jugé son Cours de littérature digne d'être couronné par le premier Monarque du monde.

M. le Chevalier. Combien, je suis touché de sa gloire! Ah! que ne vit-il encore, pour jouir, après tant de peines, du fruit de ses travaux immortels! Cependant je ne puis concevoir comment un si grand homme n'a point dévoilé le secret des constructions anciennes, lui qui avoit étudié les Grecs et les Latins avec tant de goût, et même avec passion.

M. le Comte. Cela s'explique aisément, mon neveu. D'abord les hommes ont beau être savans, ils ne peuvent tout savoir. Vous savez que La Harpe s'est adonné presqu'exclusivement à la tragédie, où il s'est placé à côté des plus grands poëtes. En second lieu, il étoit difficile, pour ne pas dire impossible, que cet excellent critique tournât sérieusement les yeux sur l'élocution latine, matière si souvent traitée, toujours obscurcie, abandonnée enfin par les meilleurs esprits qui ne pouvoient vaincre l'obstacle qui a été mis à la solution de cette difficulté par un maître des plus révérés de l'éloquence latine, qui étoit lui-même Latin, dans le plus grand crédit à Rome, dont il instruisoit publiquement la jeunesse avec le plus grand honneur. Comment pouvoit-on se douter d'une erreur qui remonte jusque dans l'antiquité! La Harpe ne mérite aucun reproche réel, pour n'avoir pas trouvé un précepte plongé dans l'oubli depuis tant de siècles. Je vous avouerai moi-même que le hasard seul me l'a fait soupçonner. Je vous offrirai mes conjectures, j'établirai mon opinion, je vous citerai mes garans, je vous ferai même des applications d'un grand principe que j'ai puisé dans Cicéron , et vous jugerez si j'ai rencontré juste : ce dont je n'ose trop me flatter dans une discussion aussi importante.

M. le Chevalier. Pourquoi ne nous exposez-vous pas sur-le-champ votre doctrine que vous estimez fondée , sans faire de plus grandes recherches ?

M. le Comte. Votre impatience est bien naturelle , mon cher neveu ; mais l'examen des opinions des auteurs modernes , sur cette grande question , doit nous préparer à l'intelligence du principe que je vous ai annoncé. Et puis , M. le Docteur peut délier le nœud gordien , que nous ne pouvons pas couper comme Alexandre.

M. le Docteur. Je ne me flatte point d'un tel succès , quoique je le desire beaucoup. Nous avons assez parlé de La Harpe ; je passe à Condillac.

« Les langues ne se perfectionnent qu'autant qu'elles
» analysent : au lieu d'offrir à la fois des masses con-
» fuses, elles présentent les idées successivement ; elles
» les distribuent avec ordre , elles en font différentes
» classes , elles manient , pour ainsi dire , les élémens
» de la pensée, et elles les combinent d'une infinité
» de manières ; c'est à quoi elles réussissent plus ou
» moins , suivant qu'elles ont des moyens plus ou moins
» commodes pour séparer les idées , pour les rap-
» procher et pour les comparer sous tous les rapports
» possibles. »

De ce côté, la langue latine est une des plus favorisées.

« L'analyse est assujettie à un ordre ; pour le dé-
» couvrir, il suffit de considérer que l'analyse a pour
» objet de distinguer les idées, de les rendre faciles à-

5 *

« trouver. Or, si elle en trace la suite dans la plus
« grande liaison ; si , en les faisant naître les unes des
» autres, elle en montre le développement successif ;
» si elle donne à chacune une place marquée et la place
» qui convient ; alors chaque idée sera distincte et se
» retrouvera facilement. »

C'eût été peut-être le cas d'enseigner ici la manière
d'assigner la place qui convient à chaque idée. Condillac dit que la nature l'indique elle-même. Cette explication est trop vague, et ne décide rien.

Au chapitre des constructions, il distingue la construction directe, et la construction renversée.

« Cette sorte de construction, dit-il, est ce que les
» grammairiens nomment inversion. Elle n'est pas,
» comme ils le disent, un ordre contraire à l'ordre
» naturel, mais seulement un ordre différent de l'ordre
» direct, et les constructions directes et renversées
» sont également naturelles. »

Vous voyez, M. le Comte, que cet auteur se rapproche de notre sentiment.

M. le Comte. Mais il ne dit pas que ce que les
grammairiens appellent inversion, est la seule construction naturelle des Latins, ni pourquoi.

Dans son Art d'écrire, chapitre 14, qui traite des
inversions, il s'exprime ainsi :

« Les formes qui consistent dans le seul arrange-
» ment des mots, ne changent rien au fond des pen-
» sées, elles n'ajoutent même aucune modification ;
» mais elles placent chaque idée dans son vrai point
» de vue : c'est un clair-obscur sagement répandu. »

Il me semble cependant qu'une pensée qui n'est
point placée dans son vrai point de vue, sans égard à

ce qui doit la précéder et la suivre, perd de sa beauté, de sa force et de sa vérité; qu'elle n'est plus la même pensée enfin; et que, dans son désordre, elle devient tellement obscure qu'on ne peut la comprendre. Il est inutile, je pense, d'en donner des exemples.

« Le peintre, continue-t-il, a trois moyens; le » dessin, les couleurs et le clair-obscur. L'écrivain » en a trois également; l'exactitude des constructions » répond au dessin, les expressions figurées aux » couleurs, et l'arrangement des mots au clair- » obscur. »

Mais les constructions et l'arrangement des mots ne font qu'une seule et même chose; Condillac l'a fait entendre lui-même dans son chapitre de la syntaxe.

« Nous ne concevons jamais mieux une pensée, que » lorsque toutes les parties distinctes les unes des » autres se présentent à nous avec tous les rapports » qu'elles ont entr'elles. Ce n'est pas assez d'avoir des » mots pour chaque idée, il faut encore savoir for- » mer de plusieurs idées, un tout dont nous saisis- » sons tout à la fois les détails et l'ensemble, dont rien » ne nous échappe. » Voilà l'objet de la syntaxe, c'est-à-dire, de la construction : ce qu'il dit ensuite le prouve assez.

« Les rapports se marquent de plusieurs manières : » par la place qu'on donne aux mots, etc. » Je ne vais pas plus loin. La place qu'on donne aux mots consiste bien dans leur arrangement, et cet arrangement ne diffère point de la construction. Nous devons donc rejeter le clair-obscur de Condillac. Le discours régulier n'admet qu'une clarté pure, et jamais l'obscurité, même mitigée.

Enfin, je tombe sur un passage décisif :

« Je sais bien que vous entendrez dire que l'arran-
» gement des mots étoit arbitraire en latin ; mais c'est
» une erreur : car Cicéron blâme des auteurs orien-
» taux qui, pour rendre le style plus nombreux, fai-
» soient des inversions trop violentes. Ce reproche ne
» prouve-t-il pas qu'indépendamment de l'harmonie,
» il y avoit des lois qui déterminoient la place que
» chaque mot doit avoir, suivant la différence des
» circonstances ? »

Tout cela est d'une grande justesse. Quelle est sa
conclusion ?

« *Mais ces lois étoient inconnues à Cicéron même;*
» il n'avoit de guide que le goût et l'usage. » Notre
logicien ne vous paroît-il point ici en défaut ?

M. le Comte. Condillac, le grave Condillac, veut
plaisanter sans doute. Quoi ! Cicéron, le premier, le
seul législateur de la latinité, qui en cette qualité avoit
bien le droit de reprocher aux autres la violation des
règles, ne les auroit pas connues lui-même ! Cet auteur,
dont les ouvrages sont si admirables, n'avoit de guide
que le goût et l'usage ! Il composoit au hasard ses traités
sublimes, comme nos jeunes rhétoriciens font une
amplification ! On peut répondre à Condillac que Cicéron a tellement connu les règles de la construction,
dont la science étoit assez commune de son temps,
qu'il les a posées lui-même dans ses écrits ; et j'aurai,
Messieurs, l'avantage de vous les rapporter. Je conviens qu'il ne les a pas toujours suivies ; il avoit pour
cela de bonnes raisons qu'il déduit lui-même dans son
Traité de l'Orateur.

Après tout ce que Condillac avoit établi dans son

Cours d'études qui est excellent, après avoir reconnu qu'il existoit des règles de construction, il sentoit bien la nécessité de les faire connoître, mais il ne le pouvoit. Cette position étoit embarrassante pour lui ; il cache adroitement son impuissance, en se rangeant à l'abri du prince des orateurs. Il nous fait entendre que ces règles sont inaccessibles, qu'elles étoient inconnues même à Cicéron. Devons-nous donc nous contenter de cette insinuation ? Vous pouvez juger par la ruse de Condillac, combien les hommes du plus grand esprit sont insidieux quand il s'agit de ménager leur amour-propre et de cacher leur insuffisance. Il n'a pu découvrir les règles de la latinité ; donc Cicéron ne les a pas connues ; donc vous ne devez pas perdre votre temps à les chercher.

M. le Docteur. Pour dédommager son élève, pour lequel il écrit, de la privation de ces lois de construction inconnues à Cicéron même, selon lui, il puise dans son propre génie une règle vraie, mais incomplète, qu'il établit dans la conclusion du deuxième livre de son Art d'écrire.

« Cependant, dit-il, il y a une loi qui est la même » pour toutes les langues polies, c'est le principe de » la plus grande liaison des idées. Il faut que dans un » discours les idées principales soient liées par une » gradation sensible, par les accessoires qu'on donne » à chacune ; et le tissu se forme lorsque toutes les » phrases, construites par rapport à ce qui précède et » à ce qui suit, tiennent les unes aux autres par les » idées où l'on aperçoit une plus grande liaison. »

Ce principe de Condillac est incontestable. Il faut que dans le discours les idées soient liées par une gradation sensible. Mais comment établir cette gradation? comment la suivre? Par les accessoires qu'on donne à chacune. Je ne conçois pas le sens attaché à ces mots. Dans une phrase, j'attache une idée à chaque mot. Il y a, il est vrai, des idées principales et des idées accessoires; mais ces idées accessoires ne m'indiquent point la place des idées principales, ni même la leur. Le principe de la liaison des idées devient nul, faute de connoître et de trouver le lien propre à cette opération.

« Il n'est pas possible, dit-il plus loin, d'entrer à ce » sujet dans le détail de toutes les observations néces- ». saires. » Dès lors nous devons recourir à une autre autorité.

M. le Comte. Admirons néanmoins le talent de cet écrivain qui vient d'approcher bien près de la cause véritable de la gradation sensible des idées : il n'étoit pas possible d'aller plus loin sans le secours de Cicéron.

M. le Docteur. Portons notre attention ailleurs : Beauzée se présente à nos regards.

« L'analyse de la pensée est l'objet naturel et immé- » diat de l'image sensible que la parole doit produire » dans toutes les langues; et il n'y a que l'ordre ana- » lytique qui puisse régler l'ordre et la proportion de » cette image successive et fugitive. »

Si je ne m'abuse moi-même, voici une erreur capitale qui doit en amener beaucoup d'autres. Ne vous semble-t-il pas que l'objet de la parole n'est point exactement l'analyse de la pensée, mais bien sa manifestation? Quand je parle, ce n'est point pour analyser ma pensée, mais pour la faire comprendre. L'analyse de ma pensée est une décomposition parti-

culière , préliminaire et indépendante de l'acte de la
parole. Avant de parler , il faut assurément que j'analyse ma pensée, que je distingue , que je sépare les
idées qui la constituent et qui en sont les élémens.
Cette opération étant faite par la voie analytique ; si
je veux être clairement entendu de ceux qui m'é-
coutent , je dois recomposer ma pensée et la présenter
sous la forme synthétique , en suivant l'ordre de la nature , c'est-à-dire , en passant du simple au composé ,
de la cause aux effets , du principe aux conséquences ;
d'où résultent la clarté , la netteté , la justesse et la
précision. Il est donc inexact d'avancer qu'il n'y a que
l'ordre analytique qui puisse régler l'ordre et la proportion de cette image successive et fugitive de la pensée , qui est la parole , puisqu'au contraire c'est la
fonction immédiate de la synthèse. L'assertion de
M. Beauzée est donc un contre-sens qui se montre dans
tout le cours de l'article qu'il a composé sur la construction analytique.

« La succession analytique des idées est le fonde-
» ment unique et invariable des lois de la syntaxe
» dans toutes les langues. Anéantissez l'ordre analy-
» tique , les règles de la syntaxe sont partout sans
» ordre et sans appui. »

Substituez le mot synthétique à l'adjectif analytique,
et M. Beauzée aura parfaitement raison. La succession
synthétique des idées est le fondement unique et invariable des lois de la syntaxe dans toutes les langues.
Anéantissez l'ordre synthétique , les règles de la syntaxe sont partout sans ordre , sans appui ; cela se prouve
par toutes nos grammaires modernes , où les auteurs
ne sont jamais d'accord entr'eux ; au point que nous

n'avons pas encore de véritable syntaxe, comme nous
l'avons déjà remarqué, personne n'ayant traité sérieusement de la construction et de l'arrangement des mots.

Mais l'ordre synthétique une fois admis, la communication du discours s'établit régulièrement partout,
parce que partout les idées s'affilient pour former les
pensées : celles-ci se rangent avec ordre et convenance
pour composer la phrase, les phrases elles-mêmes se
soumettent à la même subordination, et les hommes
s'entendént.

M. Beauzée étoit dans l'erreur de si bonne foi,
qu'il attribue à l'analyse les fonctions de la synthèse,
comme vous allez le voir dans la citation suivante :

« Il n'y a que deux moyens, dit-il, par lesquels
» l'influence de l'ordre analytique puisse devenir sen-
» sible dans l'énonciation de la pensée par la parole :
» le premier, c'est d'assujettir les mots à suivre,
» dans l'élocution, la gradation des idées et l'ordre
» analytique. »

La gradation des idées et l'ordre analytique sont
deux choses contraires, puisque l'analyse dégrade, décompose les idées. La gradation des idées est l'ouvrage
de la synthèse qui compose ce que l'analyse a décom-
posé. M. Beauzée n'a point distingué dans l'élocution
deux opérations distinctes : l'une mentale et métaphysique, l'autre sensible et physique. L'opération mentale est tacite, subite et prompte. L'esprit décompose
alors avec rapidité les élémens de sa pensée qu'il est
impossible de présenter simultanément et d'une seule
pièce. L'opération physique consiste dans l'énonciation des idées successives, suivant l'ordre naturel et
synthétique. Toutes deux forment une échelle des-

cendante et ascendante. La première échappe, pour ainsi dire, aux règles de l'art, et dépend de la force et de la vivacité du génie ; la seconde qui est sensible, est soumise à un ordre régulier.

D'où vient que tant de personnes parlent mal, d'une manière confuse, obscure, inintelligible ? C'est que leurs esprits épais ne décomposent pas assez vivement ni assez clairement leurs pensées, et elles ne peuvent bien manifester ce qui n'est pas manifeste même pour elles. L'analyse doit donc précéder secrètement la synthèse : c'est l'objet de la logique. La synthèse doit construire le discours régulièrement : c'est l'objet de la grammaire.

Boileau a bien senti cette distinction, quand il a dit :

Avant donc que d'écrire, apprenez à penser ;

et dans un autre endroit :

Ce qui se conçoit bien, s'énonce clairement,
Et les mots, pour le dire, arrivent aisément.

« Le second moyen, dit Béauzée, c'est de faire
» prendre aux mots des inflexions qui caractérisent
» leurs relations à cet ordre analytique, et d'en aban-
» donner ensuite l'arrangement dans l'élocution, à l'in-
» fluence de l'harmonie, au feu de l'imagination, à
» l'intérêt des passions, si l'on veut. »

C'est toujours la même erreur, jointe à plusieurs autres. L'ordre analytique, qui est celui de la logique, est encore mis ici pour l'ordre synthétique de la grammaire dont M. Béauzée s'occupe exclusivement. Combien Aristote et Cicéron, s'ils vivoient parmi nous, souffriroient d'entendre notre grammairien raisonner ainsi. Quoi ! après avoir fait prendre aux mots les inflexions convenables, c'est-à-dire, après avoir mis les verbes aux temps, nombres et personnes, et les noms aux nombres, aux genres et aux cas voulus par les règles du rudiment, il faut ensuite *abandonner l'arrangement de ces mots à l'influence de l'harmonie, au feu de l'imagination, à l'intérêt des passions.* Mais l'harmonie dépend de l'arrangement des mots. L'effet ne peut influer sur la cause. Le feu de l'imagination dévorera tout, s'il n'est réglé, modéré et soumis. Pour l'intérêt des passions, il n'a rien de certain, nous l'avons déjà vu. Ce second moyen de construction est donc illusoire.

« Voilà le fondement de la division des langues, » s'écrie M. Beauzée, en deux espèces générales que » l'abbé Girard appelle analogues et transpositives. »

Pourquoi ne pas dire tout uniment anciennes et modernes. Les unes sont transpositives, synthétiques, naturelles et parfaites. Les autres sont analogues, si l'on veut, c'est-à-dire, encore embarrassées dans le travail analytique, métaphysiques et imparfaites. Les langues modernes doivent tendre, et tendent en effet par leur perfectionnement, à se rapprocher des langues anciennes dont la méthode est simple, claire, naturelle et sûre. Pour cela, il convient d'en bien saisir l'esprit. On ne peut imiter des procédés que l'on n'entend pas.

« Je pense, dit M. Beauzée, et je dis hardiment » que nous sommes placés comme il faut, pour juger » sainement de la construction naturelle et commune à » toutes les langues. »

Je le pense comme lui. Il n'y a qu'une construction naturelle qui puisse être commune à toutes les langues. La nôtre diffère de celle des anciens : laquelle des deux

n'est point naturelle? Je n'ai pas la hardiesse de soutenir que les langues grecque et latine ne suivent point
l'ordre naturel, quand tout démontre le contraire. Pour
en juger sainement, il ne faut qu'écouter la raison, et
ne point se laisser séduire par des préjugés, enfans de
l'ignorance, par des intérêts de système soutenus par
la vanité, ni par les illusions de la nouveauté. Il y a
deux à trois mille ans que les principes fondamentaux
et nécessaires du langage ont été fixés sans prévention
par les plus rares génies de l'antiquité. M. Beauzée
me permettra de m'en rapporter à eux, sans restric-
tion.

« La grammaire n'est chargée que de dessiner l'ana-
» lyse de la pensée, elle doit lui faire prendre un corps
» et des membres, et les placer. »

Enfin M. Beauzée se rapproche de nous. L'analyse
de la pensée étant faite selon les règles de la logique,
la grammaire est chargée de la dessiner par la voie synthétique qui lui est propre. Elle doit lui faire prendre
non un corps et des membres, mais des membres et
un corps, et placer le tout naturellement.

« Elle n'est point chargée de colorier son dessin;
» c'est l'affaire de l'art oratoire. »

Cela est juste. Ainsi, pour bien parler et écrire, trois
sciences sont nécessaires: la logique, la grammaire et
la rhétorique, qu'il ne faut pas confondre. Analysons
bien nos pensées avant de parler ou d'écrire, c'est
l'objet de la logique; suivons l'ordre simple et naturel
de la synthèse en parlant ou en écrivant, voilà la part
de la grammaire; répandons ensuite des fleurs et des
ornemens, si nous le voulons, ou si la matière l'exige,
c'est l'affaire de la rhétorique.

M. Beauzée, pour soutenir son système, a voulu s'étayer sur Quintilien et Cicéron.

M. le Comte. Je suis curieux de savoir comment il les a commentés.

M. le Docteur. Cela vous divertira en effet, Monsieur. « Quintilien avoit sans doute raison de se plaindre, » dit M. Beauzée, de la scrupuleuse et rampante exac- » titude des écrivains de son temps qui suivoient ser- » vilement l'ordre analytique. »

Jamais les Latins n'ont suivi l'ordre analytique ; mais M. Beauzée qui n'aime pas la scrupuleuse exactitude, emploie toujours le mot *analytique* pour celui *synthé- tique*, parce que cela favorisoit son opinion.

M. le Comte. D'ailleurs la plainte de Quintilien étoit trop déraisonnable, pour être accueillie. Les écri- vains de son temps se comportoient sagement, et je compte vous faire voir qu'il a beaucoup contribué à la corruption du goût, en abandonnant les principes con- sacrés par Cicéron.

M. le Docteur. « Dans une langue qui avoit admis » des cas pour être les symboles des diverses relations » à cet ordre successif des idées, c'étoit aller contre le » génie de la langue même, que de placer toujours les » mots selon cette succession. »

Toujours de l'ordre ; cela est vraiment accablant : n'est-ce point là l'anarchie littéraire la plus complète ? La langue latine a admis les cas pour être les symboles des diverses relations des mots à l'ordre successif des idées, et c'est aller contre le génie de cette langue même, que de placer toujours les mots selon cette succession. Mais les cas deviendroient inutiles, et pour ainsi dire indifférens, si l'on ne vouloit plus suivre dans la cons-

truction l'ordre successif des idées ; ce sont les cas qui
rendent cet ordre synthétique possible ; ce sont les cas
qui forment la principale richesse des anciens : ne plus
en profiter, seroit une véritable folie ; je ne sais quel
nuage épais offusquoit l'esprit de M. Beauzée, quand il
raisonnoit ainsi.

« L'usage ne les avoit soumis à ces inflexions, que
» pour donner à ceux qui les employoient la liberté de
» les arranger au gré d'une oreille intelligente ou d'un
» goût exquis. »

Il n'y a point de doute que la variété infinie des désinences des mots grecs et latins ne donnât aux auteurs
la faculté de charmer l'oreille, puisque les langues
anciennes étoient musicales ; mais c'étoit manquer
d'intelligence et de goût, que de blâmer la marche invariable de la sage synthèse qui étoit la mère de l'harmonie.
Sans la stricte observation des règles, adieu le goût et
l'intelligence.

M. Beauzée veut absolument prouver que les Latins
n'avoient point de règles fixes de construction, qu'ils
plaçoient les mots où ils vouloient, et il sentoit le besoin d'une grande autorité pour donner un air de raison
à son paradoxe ; c'est pourquoi il a voulu justifier son
erreur par un passage de Cicéron même, le plus grand
grammairien de Rome, en le pliant complaisamment
à sa façon de voir et de penser.

Il cite un endroit, *De partitione oratoriâ*, où les deux
Cicéron, père et fils, sont interlocuteurs : le fils prie
son père de lui expliquer comment il faut s'y prendre
pour exprimer la même pensée de plusieurs manières
différentes ; le père répond qu'on peut varier le discours :
premièrement, en substituant d'autres mots à la place

de ceux dont on s'est servi d'abord, ce qui n'occasionne aucun changement d'ordre dans la construction des phrases. *Id totum genus situm in commutatione verborum.* Ce premier point, dit M. Beauzée, est *indifférent à notre sujet.* Il est au contraire très-important, puisqu'il prouve irrévocablement l'attachement de Cicéron aux principes de la construction. Ce qu'il dit ensuite n'a plus rapport qu'à une figure de rhétorique appelée *expolition*, qui consiste à retourner une même pensée sous plusieurs faces, en changeant l'ordre des mots, pour la faire mieux saisir.

In conjunctis autem verbis, triplex adhiberi potest commutatio, non verborum, sed ordinis tantummodò; ut cum semel directè dictum sit, sicut natura ipsa tulerit, selon les règles de la nature, *inversatur ordo, et idem quasi sursùm versus retròque dicatur: deindè idem intercisè atque permistè. Eloquendi autem exercitatio maximè in hoc toto convertendi genere versatur.*

Remarquons bien qu'il s'agit ici d'une figure de rhétorique, et que nous raisonnons sur la grammaire. D'ailleurs, il arrive très-rarement qu'on soit obligé de retourner ainsi une pensée de tant de façons, pour se faire comprendre ou pour persuader : ainsi la citation de Beauzée tombe d'elle-même.

« Si Cicéron avoit appliqué ses définitions à des » exemples, il ne resteroit aucun doute sur ce qu'il re- » gardoit comme l'ordre naturel. » Il ne peut pas y en avoir : Cicéron n'a point appliqué ses définitions à des exemples ; cependant tous ses ouvrages sont la démonstration la plus complète de ses principes. Quelques exemples détachés n'auroient pas suffi pour les

mettre totalement en évidence. Il falloit des livres en-
tiers et il en a écrit d'admirables. M. Beauzée n'a pas
pu croire sincèrement que Cicéron n'ait pas suivi
l'ordre naturel dans ses constructions. Il n'a pas donné
d'exemples partituliers, parce qu'il n'étoit pas présumable qu'on pût s'y méprendre.

« Mais nous trouverons ailleurs un interprète de la
» pensée de Cicéron ; c'est Denys d'Halicarnasse qui
» étoit son contemporain, puisqu'il vint s'établir à
» Rome, aussitôt qu'Auguste eut mis fin aux guerres
» civiles : ce qui suivit de près l'Orateur romain. »
Et il rapporte les essais que fit cet auteur grec pour
justifier la construction des anciens. Nous nous en oc-
cuperons et nous verrons que Denys d'Halicarnasse,
qui avoit certainement lu Cicéron sans le comprendre
parfaitement, n'a point assez approfondi ses idées,
qu'il les a même abandonnées comme trop incertaines
selon lui. Il n'a donc point expliqué la pensée de Cicéron. Beauzée ne raisonne pas plus exactement de
Quintilien et des grammairiens postérieurs qui se sont
écartés de la doctrine de leur maître.

M. le Comte. Certainement Quintilien a osé con-
trarier les préceptes de Cicéron, je vous le ferai voir,
et son imprudente conduite a entraîné tous les autres
dans la même faute.

M. le Docteur. Enfin, pour vous faire sentir combien l'erreur de M. Beauzée étoit profonde, je ne vous
citerai plus qu'un seul trait de sa prévention. Je le
résume.

L'homme ne parle que pour être entendu. La parole ne peut peindre la pensée immédiatement. D'ac-

6

cord. C'est donc l'analyse abstraite de la pensée qui est l'objet immédiat de la parole. Non. L'analyse de la pensée est l'objet médiat de la parole ; c'est la synthèse qui en est l'objet immédiat.

« Cette conséquence se vérifie par la conformité de
» toutes les syntaxes modernes avec cet ordre analyti-
» que. Les langues analogues le suivent pied à pied. »
Pouvoient-elles mieux faire, dans la confusion où leur irrégularité les jette ?

« Les langues transpositives n'ont pu se procurer la
» liberté *de ne pas le suivre scrupuleusement*, qu'en
» donnant à leurs mots des inflexions qui y fussent re-
» latives, de manière qu'à parler exactement, elles ne
» l'ont abandonné que dans la forme, et y sont restées
» assujetties par le fait. »

Un tel raisonnement ne peut se soutenir : 1°. Monsieur Beauzée avoue que les langues transpositives se sont procuré la liberté de ne pas suivre son ordre analytique. Je le crois bien. Les anciens n'ont jamais admis d'ordre analytique en matière grammaticale. Et comment ont-ils pu prendre cette liberté ? En donnant à leurs mots des inflexions qui y fussent relatives. A en croire M. Beauzée, les Latins n'ont varié les désinences de leurs mots que par considération pour l'analyse, qu'ils n'ont pourtant jamais suivie dans leurs constructions. C'est bien plutôt la synthèse, qui est le seul ordre naturel du discours en général, dans les langues régulières, qui a donné lieu à ces inflexions, si cependant elles ne doivent point leur origine à l'esprit musical des anciens dont le langage étoit noté. Dans tous les cas les Latins n'ont point pensé et n'ont pas même pu penser à l'analyse, dans le sens de M. Beaugée; 2º. *Dans la forme* elles ont abandonné l'ordre analytique, et elles y sont restées assujetties *par le fait.* Est-ce que la forme du discours est autre chose que le fait? Quelle contradiction inouïe! et cela pour défendre une erreur fatale!

M. le Docteur. Voyons maintenant si Dumarsais a mieux traité notre question. Nous serons peut-être plus heureux du côté de ce grammairien renommé, dont les ouvrages sont posthumes.

« Je crois, dit-il, qu'on ne doit pas confondre » construction avec syntaxe. » Et moi je pense qu'il a tort. Le mot syntaxe vient du grec συνταξις qui signifie *construction, ordre, classe.* La racine de ce nom est le verbe συντασσω qui signifie, ranger, disposer ensemble. συντασσω est lui-même composé du verbe τασσω qui veut dire, *mettre en ordre, ordonner, disposer, ranger, placer,* et de συν qui signifie *avec.* Cette préposition donne encore plus de force à τασσω. D'après cette étymologie, syntaxe veut bien dire construction.

« Construction ne présente que l'idée de combinai-» son et d'arrangement. » A entendre M. Dumarsais, c'est une bien petite affaire, qui l'a néanmoins grandement embarrassé, comme nous allons le voir.

« Syntaxe est ce qui fait en chaque langue, que les » mots excitent le sens que l'on veut faire naître dans » l'esprit de ceux qui savent la langue. La syntaxe est » donc la partie de la grammaire qui donne la con-» noissance des signes établis dans une langue, pour » exciter un sens dans l'esprit. »

Ces signes ne sont autre chose, dans le latin, que les désinences des noms et des verbes. Donc par syn-

taxe, Dumarsais ne veut comprendre que les règles
de concordance et de régime.

M. le Comte. Vous apercevez la source de cette
double erreur. Les rudimens ne parlant, dans leurs
syntaxes, que de l'accord des noms et des régimes ;
Dumarsais, par respect pour eux, n'a pas voulu dépasser leurs limites, et il a nommé syntaxe ce qui ne
l'est aucunement. Ensuite comme il a bien vu que la
syntaxe, prise dans son sens, ne s'occupoit point de la
construction (ce qui doit être son seul objet), il
n'a pas voulu confondre construction et syntaxe, qui
sont une seule et même chose. C'est ainsi qu'une erreur
invétérée entraîne les meilleurs esprits dans des distinctions absurdes.

M. le Docteur. « Je trouve que dans toutes les langues
» du monde, il n'y a qu'une même manière nécessaire
» pour former un sens avec les mots : c'est l'ordre suc-
» cessif des relations qui se trouvent entre les mots,
» dont les uns sont énoncés comme devant être modi-
» fiés ou déterminés, et les autres comme modifiant
» ou déterminant. »

M. le Comte. Il faut distinguer ce que Dumarsais
entend par ordre successif des relations qui se trouvent
entre les mots, car ces relations peuvent exister de
deux manières, ou par rapport à l'ordre des choses
exprimées par les mots, ou par rapport à l'ordre des
mots rangés selon la routine des langues imparfaites :
dans le premier cas, ce qui doit être modifié, doit
marcher devant ce qui modifie ; dans le second cas le
principe n'est pas fondé pour les langues anciennes.

M. le Docteur. C'est pourtant à ce dernier cas que
notre grammairien l'applique.

« Cette manière d'énoncer les mots successivement,
» *selon* l'ordre de la modification ou de la détermina-
» tion que le mot qui suit donne à celui qui le précède,
» a fait règle dans notre esprit. Elle est devenue notre
» modèle invariable, au point que, sans elle, ou du
» moins sans les secours qui nous aident à la rétablir,
» les mots ne présentent que leur signification ab-
» solue, sans que leur ensemble puisse former aucun
» sens. Par exemple :

» Arma virumque cano, Trojæ qui primus ab oris
» Italiam, fato profugus, lavinaque venit
» Littora.

» Otez à ces mots latins les terminaisons ou dési-
» nences, qui sont les signes de leur valeur relative, et
» ne leur laissez que la première terminaison, qui
» n'indique aucun rapport, vous ne formerez aucun
» sens. Ce seroit comme si l'on disoit :

Armes, homme, je chante, Troie, qui, premier, des
côtes, Italie, destin, fugitif, laviniens, vint, rivages.

» Si ces mots étoient ainsi énoncés en latin avec leurs
» terminaisons absolues, quand même on les rangeroit
» dans l'ordre où on les voit dans Virgile, non-seule-
» ment ils perdroient leur grâce, mais encore ils ne
» formeroient aucun sens; propriété qu'ils n'ont que
» par leurs terminaisons relatives, qui, après que toute
» la proposition est finie, nous les font regarder selon
» l'ordre de leurs rapports, et par conséquent selon
» l'ordre de la construction simple, nécessaire et si-
» gnificative. »

Vous voyez avec quelle subtilité Dumarsais s'abuse
lui-même. Il a fait une première erreur en appelant

syntaxe les règles de concordance et de régime, et il veut être conséquent dans son erreur. Il pose un bon principe. Il l'annihile, en faisant une mauvaise application de son ordre de modification ou de détermination. Sans érudition, tout le monde sentira que les mots ne formeront aucun sens, s'ils ne s'accordent pas entr'eux, ou si les règles de régime ne sont pas observées d'après le génie particulier de chaque langue. Cela ne regarde point l'ordre de la construction. Ces formalités préparatoires, nous l'avons déjà dit, sont les préliminaires de la syntaxe. C'est donc mal à propos qu'il prétend que l'on doit rétablir les mots, après qu'une proposition est finie, selon l'ordre de leurs rapports de concordance et de régime qu'il appelle sans raison l'ordre de la construction simple, nécessaire et significative; comme dans ce travestissement ridicule des deux premiers vers de l'Enéide :

« Cano arma atque virum, qui vir, profugus à fato, venit
» primus, ab oris Trojæ, in Italiam, atque ad littora lavina. »

« Quand une fois cette opération, dit Dumarsais, m'a
» conduit à l'intelligence du sens, je lis et je relis le
» texte de l'auteur; je me livre au plaisir que me cause
» le soin de rétablir, sans trop de peine, l'ordre que
» la vivacité et l'empressement de l'imagination, l'élé-
» gance et l'harmonie avoient renversé, et ces fré-
» quentes lectures me font acquérir un goût éclairé
» pour la belle latinité. »

M. le Comte. Nous serions bien malheureux s'il falloit ainsi défigurer les vers admirables de Virgile, pour en saisir le sens. Le rétablissement d'ordre de M. Dumarsais est une barbarie. La vivacité et l'empressement d'imagination, l'élégance et l'harmonie n'avoient rien renversé dans les beaux vers précités, *nil præposterum ;* tout le renversement est dans l'esprit du commentateur, et je ne conseille point à ceux qui veulent acquérir un goût éclairé pour la belle latinité, d'imiter les démembremens d'un homme qui méconnoît si visiblement le génie des Latins. C'est bien assez en traduisant, de ne pouvoir suivre en français la méthode simple, naturelle et sublime des anciens, parce que notre langue ne nous permet pas d'atteindre à leur hauteur, sans dégrader dans l'explication une poésie descriptive, dont le mérite consiste principalement dans ce bel arrangement de mots qu'on ose mutiler ainsi.

M. le Chevalier. Permettez-moi, mon cher oncle, de vous demander comment vous expliqueriez ces vers, sans déranger l'ordre de construction établi par Virgile.

M. le Comte. Je dirois tout simplement : *Arma virumque cano ,* je chante les combats et le héros , *Trojæ qui primus ab oris ,* qui le premier des côtes de Troie, *fato profugus ,* poursuivi par le destin , *Italiam , lavinaque venit littora ,* débarqua en Italie sur les rivages de Lavinie. Je ne change rien à la construction latine. Nous aurons l'occasion de revenir sur cette phrase, parce que beaucoup d'auteurs l'ont prise pour exemple, je vous en ferai alors l'analyse complète, et je vous démontrerai, d'après le principe de Cicéron, que chaque mot de cette admirable exposition de l'Énéide se trouve rigoureusement à sa place naturelle. Revenons en ce moment à Dumarsais.

M. le Docteur. Enfin notre savant traite de la construction ; il en admet trois sortes : la simple, la

figurée et l'usuelle. Vous pouvez prévoir, par ce que
nous venons de dire, ce qu'il pense de la construction
simple, qu'il confond avec les règles d'accord et de
régime, en voulant toujours que le mot régissant
précède le mot régi ; il fait consister la construction
figurée dans l'emploi de l'ellipse, du pléonasme, de
la syllepse, de l'hyperbate, de l'hellénisme, de l'at-
traction qu'il a plu à Priscien, auteur du sixième
siècle, d'appeler figures de construction, quoiqu'elles
ne considèrent pas l'arrangement des mots : dénomination que tous les échos ont continuellement et fidèlement répétée pendant douze cents ans ; excepté Condillac qui en a senti l'inutilité et le vide, et qui les a dé-
daignées. Sa construction usuelle est le mélange des
deux précédentes. Pour ne point vous faire languir,
j'arrive à son Traité de l'inversion.

« Pour faire voir, dit Dumarsais, que c'est nous
» qui renversons l'ordre naturel, je vais tâcher de dé-
» velopper ce qu'on entend ici par *ordre*, par *inver-*
» *sion* et par *naturel*. »

Ce qu'il y a ici de remarquable, c'est que Dumarsais semble vouloir soutenir la même thèse que nous,
tout en admettant des principes diamétralement op-
posés aux nôtres.

« En général, ordre veut dire arrangement soit des
» choses, soit des mots. On dit la structure d'un dis-
» cours, l'arrangement des mots d'une phrase. A
» l'égard d'ordre, il ne se dit à la rigueur que de la
» construction grammaticale régulière. Priscien l'ap-
» pelle aussi *structura*, *ordinatio*, *conjunctio verbo-*
» *rum*. Il en a fait deux livres qu'il a intitulés : *De cons-*
» *tructione*, *sive de ordinatione partium orationis*. »

Boileau nous rapporte de même, dans sa traduction du Traité du sublime de Longin, que cet auteur grec avoit composé deux volumes sur le même sujet, mais qui ont été malheureusement perdus.

« Quand tous les mots d'une phrase sont exprimés » et qu'ils sont rangés selon la suite et l'enchaînement » de leurs rapports, on dit qu'il n'y a pas inversion. » Si les mots ne sont pas rangés selon la suite de leurs » rapports, il y a inversion, c'est-à-dire que l'ench_î- » nement des rapports est renversé et interrompu. »

M. le Comte. Dumarsais parle ici par sentences : écoutons-le jusqu'au bout, en n'oubliant point que par rapports il entend toujours ceux de concordance et de régime et non ceux indiqués par le temps et par la nature des choses.

M. le Docteur. « Si je dis : *Cano arma virumque,* » il n'y a pas d'inversion. La cause précède l'effet. » Le mot qui détermine est après celui qui est déter- » miné. *Virum* est un cas oblique, la première déter- » mination de ce mot est *vir.* Pourquoi prend-il ici » une nouvelle terminaison ? c'est pour marquer sa » dépendance et son rapport avec *cano.* Je chante. » Eh ! quoi? *virum.* Ainsi *virum* détermine *cano,* et » *cano* modifie *virum.* » Qu'avez-vous donc, M. le Comte ?

M. le Comte. Je fais tout mon possible pour me retenir. Mais je ne puis m'empêcher de rire, en enten- dant un tel grammairien raisonner si peu juste, tout en dogmatisant.

M. le Docteur. Savez-vous, M. le Comte, qu'on n'a jamais ri d'un encyclopédiste.

M. le Comte. Je vous demande mille pardons,

mon cher Docteur, si je me suis écarté du respect qui est dû à des hommes courageux, qui, dans leurs vastes conceptions, ont embrassé l'ensemble imposant de toutes les connoissances humaines qu'ils ont si prodigieusement avancées. Je vais donc reprendre mon sérieux, en vous priant de me permettre de répondre à votre savant.

Quand vous dites, *Cano arma virumque*, vous estropiez Virgile et vous renversez tout le système de la latinité : ce qui est la plus forte des inversions. Dans le travestissement que vous faites des plus beaux vers du poëte le plus pur, le plus naturel et le plus sublime, la cause ne précède point l'effet, comme vous l'annoncez : mais vous faites au contraire marcher l'effet avant la cause, contre votre propre intention. Vous chantez. Eh ! quoi ? *virum*. *Virum* est donc la cause de vos chants. *Cano* est l'effet indubitable de cette cause. Si le héros que vous chantez n'avoit jamais existé, vous ne pourriez pas célébrer ses exploits. Puisque *virum* est cause, il doit donc précéder *cano*, d'après vos propres principes, et Virgile a eu raison de dire : *Arma virumque cano*.

M. le Docteur. Mais M. Dumarsais s'explique aussitôt : je veux dire que *cano* est la cause pourquoi *virum* prend une terminaison qui n'est point celle de la première dénomination.

M. le Comte. Point du tout, vous ne dites point cela, en parlant de cause et d'effet. Et quand vous le diriez, vous ne raisonneriez pas plus juste. Vous en êtes au chapitre de l'inversion, vous ne pouvez pas nous parler de régime. La cause de l'accusatif *virum* est indifférente, pour la construction de la phrase :

Arma virumque cano. Enfin je crois que vous, ne vous entendez point parfaitement vous-même en di-, sant : la cause précède l'effet; ce qui détermine est après ce qui est déterminé. Ce qui détermine est aussi une cause, de manière que, d'après vos explications, un même mot précédera ou suivra, selon que vous l'appellerez cause ou déterminant. Cette contradiction est manifeste, d'ailleurs vous errez dans tout votre chapitre. Parce que vous n'avez pu saisir la raison de l'ordre établi par les anciens dans le discours, vous voulez qu'ils aient fait des inversions, à peu près comme les enfans qui, voyageant dans un bateau, croient que les bords de la rivière marchent, parce qu'ils ne sentent pas le mouvement qui les emporte, ou semblables aux hommes qui ignorent les lois de la physique, et qui prétendent que c'est le soleil qui tourne autour de la terre, parce qu'ils ne conçoivent pas comment notre globe peut faire sa révolution autour de cet astre.

M. le Docteur. Abandonnons M. Dumarsais avec ses régimes, et venons-en à son adversaire M. l'abbé Batteux qui, dans le temps, l'a combattu assez vive-ment, dans son Cours de littérature, où il a traité par-ticulièrement de la construction.

« C'est de l'arrangement des mots, dit cet auteur » profond, que dépend toute la grâce et une très-» grande partie de la force du discours. » Cela est in-contestable.

« Cet arrangement ne peut avoir pour objet, que » de satisfaire ou l'esprit, ou l'oreille. » Il auroit pu dire : l'esprit et l'oreille.

« Nous prouverons que l'arrangement naturel des » mots doit être réglé par l'importance des objets. »

Voici une nouvelle doctrine qu'il sera, je crois, fort difficile de soutenir.

« Nous examinerons ensuite quels dérangemens » l'harmonie peut causer dans la construction na- » turelle. »

Ces dérangemens ne peuvent jamais être considéra- bles ; car , sans construction naturelle, peut-il y avoir de véritable harmonie oratoire? Quand, pour le nom- bre, on dérangeroit un mot, cela ne détruiroit pas la construction générale de la phrase dont M. Batteux entend parler.

« Il faut examiner comment les idées entrent dans » notre esprit, et comment elles en sortent. Elles y » entrent quelquefois en foule, comme quand nous » jetons nos regards sur une vaste plaine qui nous » offre une infinité d'objets : c'est la communication » des idées par les yeux. Quelquefois aussi elles n'y » entrent que seule à seule : ce qui arrive surtout quand » la communication se fait par les oreilles , et princi- » palement par le moyen des signes d'institution, tels » que sont les mots. Comme les mots ne peuvent être » proférés que les uns après les autres, les idées atta- » chées aux mots ne peuvent aussi sortir qu'une à une » de la bouche de celui qui parle. L'ordre dans lequel » elles sortent est-il indifférent, ou ne l'est-il pas ? » Non, sans doute. Y a-t-il des objets qu'on doit pré- » férablement offrir au premier moment, c'est-à-dire, » au moment le plus vif de l'attention de celui qui » écoute ? »

Cela ne peut pas être mis en question, puisque c'est cette préférence qui doit fixer les règles de la construction. Jusqu'ici M. Batteux raisonne à peu près juste. Voyons de quelle manière il détermine cette préférence.

« Si les langues, continue Batteux, étoient assez
» flexibles pour se plier en tout aux mouvemens de
» l'ame, il n'est pas douteux qu'alors elles ne suivis-
» sent constamment l'ordre qui seroit prescrit par
» l'intérêt ou le point de vue de celui qui parle. »

Et comme la langue latine a cette flexibilité dont
parle M. Batteux, qui lui permet de se plier en tout
aux mouvemens de l'ame, il s'ensuivroit, d'après le
sentiment de ce littérateur, qu'elle suit constamment
l'ordre prescrit par l'intérêt et le point de vue de
celui qui parle. Cette assertion ne me paroît pas
fondée.

M. le Comte. Elle me semble, comme à vous,
renfermer une erreur. En effet, considérons combien
d'intérêts différens partagent les hommes en général et
l'homme en particulier. Si cette raison régloit la construction des Latins, elle seroit illusoire et nulle, puisqu'il y auroit autant de constructions que d'intérêts divers. La passion, qui n'est autre chose que l'intérêt mis
en mouvement, seroit donc chargée d'ordonner le
discours régulier. Vous sentez que cela ne peut pas
être, car c'est la passion qui trouble si souvent l'ordre
de la construction, tant s'en faut qu'elle le régularise.
Ce n'est point ici le moment de peser l'influence des
passions sur le discours. Cette discussion appartient à
la rhétorique. Nous ne nous occupons que de la
grammaire générale : c'est elle qui doit fixer la règle
que nous cherchons.

M. le Docteur. Sous ce rapport, M. Batteux,
qui écrit un Cours de rhétorique ou de littérature, si

vous voulez, auroit peut-être raison; mais ce savant embrasse dans son ouvrage tout ce qui concerne la construction, dont il distingue trois sortes d'ordre, le grammatical, le méthaphysique et l'oratoire. Suivons-le :

« L'ordre grammatical est une entrave donnée à l'es-
» prit et aux idées, plutôt qu'une règle de construc-
» tion. »

Nous conviendrons, avec M. Batteux, que cet ordre est vraiment une entrave; mais une entrave nécessaire pour l'élaboration des idées, pour la conduite de l'esprit, et nous en tirerons une conclusion toute contraire à la sienne. C'est parce que la grammaire arrête le torrent des idées, pour les soumettre à l'ordre, qu'elle fournit véritablement à l'esprit une règle de construction très-précieuse qu'il ne sauroit trouver ailleurs.

« L'ordre grammatical est celui qui se fait selon le
» rapport des mots considérés comme régissans ou
» régis. »

M. Batteux n'échappe point à l'erreur commune. C'est un piége dans lequel tous les auteurs modernes sont tombés : de là la nécessité d'admettre plusieurs ordres de construction, tandis qu'on ne devroit en reconnoître qu'un fondamental, sauf quelques modifications.

« L'ordre métaphysique considère les rapports
» abstraits des idées. Il veut que le sujet d'une propo-
» sition soit avant son attribut, la cause avant l'effet,
» la substance ou l'existence avant le mode ou les
» qualités qui lui appartiennent. Selon cet arrangement,

» il faudroit dire *solis lumen*, *du soleil la lumière*;
» parce que le soleil est la cause de la lumière. »

L'ordre métaphysique de M. Batteux n'est autre
chose, je le soupçonne, que l'ordre grammatical des
anciens qui étoit un. Les Latins n'ont sûrement jamais
pensé à ranger leurs mots, de manière que les régissans fussent devant les régis. Cette règle minutieuse
répugnoit au génie de leur langue. Malgré la bonté
et la régularité de l'ordre métaphysique, M. Batteux
ne veut pas s'en contenter : il dit à son sujet ?

« Il peut être bon quelquefois pour les savans,
» quand ils discutent ou qu'ils analysent leurs idées :
» mais le peuple, pour qui et par qui ont été faites
» les langues; mais les femmes dont le goût aide
» plus à polir et à perfectionner les langues que les
» discussions et les analyses des savans, se doutent-
» elles de ce que c'est que mode, substance, cause,
» effet, qualités ? Le peuple ne connoît, ne voit, ne
» sait que par le sentiment, ou même par la sensation
» que l'objet produit en lui : c'est l'impression réelle
» qui le détermine, qui le dirige. »

M. Batteux me paroît dépasser le but qu'il se propose d'atteindre. Il ne fait point grand cas des discussions et des analyses des savans, qui, seules pourtant,
régularisent les langues. C'est par le peuple que les
langues sont faites, c'est-à-dire, que les mots sont
inventés. Si les savans ne venoient point à leur secours, les langues resteroient toujours grossières,
comme celles des sauvages. Le goût des femmes aide,
il est vrai, à polir et à perfectionner le langage; mais
c'est quand les règles en ont été fixées par le génie des
savans, à qui l'on doit tout, à proprement parler. Le

peuple, ni les femmes n'ont pas besoin de savoir ce
que c'est que mode, substance, cause et effet, l'un
pour créer des mots, les autres pour les polir. Cette
connoissance n'est nécessaire qu'à l'architecte qui bâtit
le discours, ainsi qu'à tous ceux qui veulent s'entendre en construction ; ce dont le peuple et les femmes
ne se doutent pas, parlant au hasard ou plutôt suivant
l'impulsion qui leur est donnée tacitement par les
grammairiens, auxquels ils obéissent sans le savoir.

« Il faut donc en revenir à la troisième espèce d'or-
» dre ou d'arrangement, à celui qui est fondé sur l'in-
» térêt ou le point de vue de celui qui parle. »

Tout ce qu'il va dire de l'ordre oratoire peut s'appliquer à l'ordre grammatical des Latins.

M. le Comte. M. Batteux est peut-être celui des
modernes qui en ait le plus approché. J'ai toujours lu
son Traité de la construction avec le plus grand
plaisir ; mais j'ai toujours remarqué aussi, qu'il ne
donnoit point à son ordre grammatical, le sens, ni
l'étendue qu'il doit avoir.

M. le Docteur. Il reconnoît bien la prééminence
de la cause sur l'effet. « L'empereur Domitien, dit-
» il, avoit une habileté singulière à tirer de l'arc : *il*
» *faisoit passer ses flèches entre les doigts écartés*
» *d'un esclave placé pour but à une grande distance*
» *de lui, sans le blesser.* Voilà une construction,
» mais qui n'est point dans l'ordre naturel des idées.
» L'Empereur tire, et n'a point encore ses flèches,
» vers un but qui ne lui a pas encore été présenté. Il
» semble que dans l'ordre naturel, il auroit fallu
» d'abord présenter l'esclave qui a la main levée et les
» doigts écartés, et montrer ensuite l'Empereur qui

» tire, à quelque distance de ce but. Aussi Suétone
» dit-il : *Nonnunquam in pueri procul stantis, præ-*
» *bentisque pro scopulo dispansam dextræ manus*
» *palmam, sagittas tantâ arte direxit, ut omnes per*
» *intervalla digitorum innocuè evaderent.* Ce n'est
» point l'ordre de la métaphysique grammaticale,
» mais de la métaphysique oratoire, celui du senti-
» ment et de la vérité. »

Après avoir si bien senti et détaillé les beautés et la
vérité de la phrase de Suétone, pourquoi M. l'abbé
Batteux professe-t-il une erreur? Pourquoi veut-
il que cet auteur, qui ne prononçoit point un
discours, mais qui écrivoit gravement l'histoire de
l'Empereur Domitien, ait suivi, dans sa construction,
la métaphysique oratoire et non la métaphysique
grammaticale? Est-ce parce que nous n'avons aucun
traité qui développe le génie de cette construction
naturelle et sublime, parce que toutes nos grammaires
sont incomplètes, parce que tous les modernes ont mal
interprété le mot syntaxe, et parce que de cette mauvaise interprétation provient une foule de fautes ma-
jeures?

M. le Comte. M. Batteux n'avoit qu'un mot à
ajouter, pour rendre sa démonstration parfaite. Il lui
suffisoit de dire que l'ordre du temps et des actions étoit
observé; mais il dévie à la fin même de son analyse.
Il est bien certain, M. le Docteur, que Suétone a
suivi, dans sa phrase, l'ordre grammatical; car je vous
ferai voir, en faisant l'application du principe de Cicéron, que l'ordre oratoire lui est absolument contraire.
C'est par le moyen de cet ordre oratoire que j'espère
justifier les prétendues divergences que l'on trouve dans

7.

la construction des meilleurs auteurs latins. L'ordre grammatical est l'expression naïve de la vérité et de la nature ; mais l'ordre oratoire le trouble et le bouleverse, sans pourtant cesser lui-même d'être naturel.

M. le Docteur. Voilà une opinion qui paroît bien impliquer une véritable contradiction.

M. le Comte. Ne précipitez pas votre jugement, je vous prie, mon cher Docteur. La nature n'est pas toujours calme et paisible, souvent elle déchaîne la tempête et soulève tous les élémens. Quand les vents furieux déracinent les arbres les plus robustes, entraînent les édifices les plus solides ; quand la mer en courroux sort de ses abîmes pour ravager la terre ; quand les volcans vomissent leurs feux souterrains et qu'ils couvrent les campagnes consternées de leurs laves brûlantes, la nature a-t-elle cessé d'être elle-même ? Non. C'est la nature irritée qui diffère de la nature tranquille ; mais c'est toujours la nature. Hé bien ! il en est de même de la construction naturelle. Peint-elle les effets rians, gracieux, modérés et graves ? Elle suit l'ordre grammatical ? Faut-il exprimer l'orage des passions ? Elle embrasse l'ordre oratoire qui est un beau désordre. Telle est la boussole des poëtes et des orateurs. L'ordre simple leur est impossible. Voulez-vous, quand ils sont maîtrisés par l'amour ou la haine, transportés de joie ou accablés de douleurs, déchirés par les desirs et l'envie, tourmentés par l'orgueil et la vengeance, entraînés par l'indignation et la colère, voulez-vous qu'ils parlent le langage de la raison ? Non, non ; l'ordre des mots est troublé comme leur ame. Ils gémissent ! ils crient ! ils tonnent ! ils foudroient ! Leur discours n'est point semblable alors à un fleuve majestueux qui laisse couler ses ondes limpides selon la pente naturelle de son lit ; mais bien à l'Océan soulevé qui exerce sa fureur contre les rochers, qui pousse ses flots avec fracas jusqu'à la voute des cieux, et qui engloutit tout ce qu'il rencontre. Au reste, de même que les hommes ne sont pas toujours en proie à leurs passions, de même aussi le discours n'abandonne pas toujours l'ordre grammatical, auquel les poëtes et les orateurs sont ordinairement soumis eux-mêmes.

M: le Docteur. « Tout homme qui parle, continue » M. Batteux, si c'est un Démosthènes ou un Cicé- » ron, voit dans le cœur et dans l'esprit de ceux qui » écoutent, ce qu'il doit dire et ce qu'on lui demande, » quelle est la première idée qu'on attend, quelle est » la seconde, la troisième. »

M. le Comte. A ce compte-là, il faudroit être un Démosthènes ou un Cicéron pour bien parler : ce qui n'est pas possible, car de tels hommes sont infiniment rares. Dailleurs ces deux orateurs ont suivi des règles certaines, que tout le monde peut connoître.

M. le Docteur. « Quand Cicéron prit la parole » pour remercier César du pardon qu'il venoit d'ac- » corder à Marcellus, tout le sénat fut frappé de cette » démarche, parce qu'il y avoit long-temps que Cicé- » ron gardoit le silence : c'est pour cela que l'orateur » dit, dès le premier mot, *Diuturni silentii*. La se- » conde pensée de l'auditeur étoit de chercher la raison » de ce long silence : ce pouvoit être la crainte : Ci- » céron l'avoit senti : et, pour ôter à son auditoire » cette pensée odieuse pour César, il ajoute, *non* » *timore aliquo*. Pourquoi donc vous êtes-vous tu ?

7 *

De douleur et de regret, *partim dolore, partim*
» *verecundiâ.* Et aujourd'hui pourquoi parlez-vous ?
» *Tantam enim mansuetudinem, tam inusitatam*
» *clementiam,* etc. Voilà les motifs : après quoi le
» verbe vient, *nullo modo præterire possum.* L'ora-
» teur a-t-il suivi quelque part l'ordre grammatical et
» métaphysique ? »

M. le Comte. Oui , il l'a suivi partout , et pour vous
faire sentir que l'analyse de M. Batteux est plus ingé-
nieuse que solide , je rétablis le bel exorde du discours
de Cicéron pour Marcellus.

» *Diuturni silentii, patres conscripti, quo eram his*
» *temporibus usus, non timore aliquo, sed partim do-*
» *lore, partim verecundiâ, finem hodiernus dies attu-*
» *lit, idemque initium, quæ vellem, quæ sentirem ,*
» *meo pristino more dicendi. Tantam enim mansuetu-*
» *dinem, tam inusitatam, inauditamque clementiam,*
» *tantum in summâ potestate rerum omnium modum,*
» *tam denique incredibilem sapientiam ac penë*
» *divinam, tacitus nullo modo præterire possum.* »

Sénateurs , le long silence que je gardois dans ces
temps , non par crainte , mais par l'effet de ma
douleur et de ma honte , a trouvé son terme en ce
jour , où je commence à parler , selon mon ancienne
coutume , et de ce que je souhaite et de ce que je
sens ; car une si grande bonté , une clémence si
extraordinaire , une modération si inouïe dans une
puissance souveraine et sans bornes , enfin une sagesse
si incroyable et qui ne sembloit appartenir qu'aux
dieux , ne me permettent nullement de me taire.

L'ordre grammatical des Latins est observé. La
première chose que Cicéron expose aux *sénateurs ,*

en reprenant la parôle , est le long silence qu'il avoit gardé ; parce que cette circonstance étoit antérieure à toutes les autres : *Diuturni silentii , patres conscripti.*

La phrase incidente, *quo eram his temporibus usus, non timore aliquo , sed partim dolore , partim verecundiâ,* qui est purement explicative , ne trouble point la construction de la phrase principale. Elle est placée là fort adroitement pour excuser la conduite de l'orateur , qui avoit pu offenser César par sa taciturnité.

Le second objet qui se présente dans l'ordre du temps, est la fin de ce silence opiniâtre dont la rupture subite surprit le sénat, *finem.*

Qui opère ce changement? *Hodiernus dies attulit.* Ce nominatif est placé après le régime *finem,* parce que le silence de Cicéron a fini avant le jour dont il est question, puisque ce même jour a été témoin de sa nouvelle harangue , *idemque initium.* Remarquez que les sentimens de l'orateur étoient dans son cœur avant qu'il les manifestât, *Quæ vellem, quæ sentirem,* précèdent aussi *dicendi.* Ces mots eux-mêmes *meo pristino more* ne sont pas mis sans dessein avant le verbe *dicendi,* car son ancienne coutume étoit antérieure à la reprise de ses discours. Vous le voyez : la série des temps est parfaitement suivie dans la contexture de cette phrase , comme dans la suivante où la bonté généreuse, la clémence extraordinaire de l'Empereur César pour Marcellus : *Tantam enim mansuetudinem , tam inusitatam inauditamque clementiam,* etc. , sont exprimées avant la nécessité où Cicéron se trouva de célébrer des vertus si rares et presque divines. *Tacitus nullo modo*

prœterire possum. La raison d'intérêt de M. Batteux est implicitement attachée à cette belle manière de peindre les pensées. Il semble lui-même avoir senti cette grande vérité de construction, en disant : « Les expressions sont aux pensées ce que les pensées » sont aux choses qu'elles représentent. Il y a entr'elles » une espèce de génération qui doit porter la ressem- » blance de proche en proche depuis le premier terme » jusqu'au dernier. Les choses font naître la pensée » et lui donnent sa configuration ; la pensée à son » tour produit l'expression, et lui prescrit un arran- » gement conforme à celui qu'elle a elle-même. » La pensée est une image intérieure des choses. L'ex- » pression est une image extérieure des pensées. » La pensée et l'expression sont donc image l'une et » l'autre, celle-ci encore plus que la première. Or, » la perfection de toute image consiste à rendre le » tout et ses parties conformément à ce qu'elles sont » dans l'original, et à la position qu'elles y ont. » Mais, bien certainement, la position la plus essentielle des choses exprimées par le discours, est celle qui dépend de l'ordre des temps où elles sont arrivées : de là la règle sublime de Cicéron.

Cependant le prince des orateurs ne la suivoit pas toujours, quand il étoit animé par quelque forte passion. L'exorde de la première Catilinaire diffère beaucoup de celui du discours pour Marcellus. Dans celui-ci, il parle gravement, en présence du maître du monde qu'il ose remercier du pardon généreux accordé à son ami. Dans celui-là, il est transporté d'indignation contre Catilina qui médite la ruine de Rome. Il s'élance à la tribune et s'écrie aussitôt, en voyant ce conspirateur siéger au milieu des sénateurs : *Quousque tandem abutere, Catilina, patientiâ nostrâ ?* etc. S'il avoit été de sang froid, il auroit dit paisiblement : *Catilina, quousque patientiâ nostrâ abutere?* selon la construction ordinaire. Mais sa passion l'emporte, et il apostrophe violemment l'ennemi de sa patrie. *Quousque tandem abutere, Catilina, patientiâ nostrâ ? quamdiu furor iste tuus nos eludet ?* etc.

M. le Docteur. Malgré les erreurs que nous venons de relever, il ne faut pas croire que l'abbé Batteux ne nous ait pas rendu de grands services. On l'admire surtout quand il réfute le père du Cerceau et le célèbre Dumarsais. L'intérêt de notre discussion demande que je rapporte ces deux passages.

Opinion du père du Cerceau. « Dans la construction
» latine, pourvu que les mots qui doivent entrer
» dans la composition d'une phrase s'y trouvent
» rassemblés, peu importe bien souvent dans quel
» ordre on les place, et quel rang ils tiennent. Tel
» qu'on met à la tête d'une période figureroit sou-
» vent aussi bien, si on le renvoyoit à la queue ;
» de sorte qu'en mettant confusément tous les termes
» d'une phrase dans un chapeau, et les tirant au
» hasard l'un après l'autre, comme les billets de la
» loterie, la construction s'en trouveroit toujours,
» à peu de chose près, assez régulière. »

M. le Comte riant. C'étoit un brave homme que ce père du Cerceau. Mais si les latins l'avoient entendu parler ainsi, ils n'auroient sûrement pas ri de la finesse de son esprit.

« Notre langue n'admet point une pareille licence,
» et a sa route plus resserrée et plus gênée. C'est ce

» que quelques gens lui reprochent comme une im-
» perfection. J'en conviendrai sans peine , dès qu'on
» m'aura fait voir que de parler dans le même ordre
» qu'on pense, c'est un défaut .... Pour moi,
» j'ai cru jusqu'ici que celui-là parloit le mieux qui
» se rendoit le plus intelligible , et qu'on se le rendoit
» d'autant plus qu'on laissoit moins à faire à la con-
» ception de ceux à qui on adresse la parole. Le
» dérangement des mots, et la disposition presque
» arbitraire que permet sur ce point la construction
» latine , a quelque chose de fatigant pour l'intel-
» ligence de celui qui écoute. Il faut qu'il épèle,
» pour ainsi dire, chaque mot, et qu'il mette en ordre
» dans son esprit ce que nous présentons en désordre
» dans le discours ...... Au lieu que notre langue
» épargne cette fatigue à l'auditeur, en lui présentant
» les idées dans l'ordre naturel qu'elles doivent
» avoir ...... C'est un avantage que notre langue a
» sur la latine, et sur celles qui lui ressemblent...
» Je ne prétends point par là déprimer la langue latine
» que j'ai étudiée toute ma vie ...... Mais il faut
» qu'elle cède à la nôtre pour la régularité et la
» netteté de la construction. »

Réfutation de l'abbé Batteux. « Je demande pre-
» mièrement à ceux qui parlent de la sorte, si
» nous sommes bien ; nous Français, placés
» comme il faudroit l'être, pour juger des inversions
» latines et des nôtres. L'habitude est une seconde
» nature : il y a long-temps qu'on l'a dit; et cela
» n'est jamais plus vrai qu'en matière de langue. J'écris
» en allant de gauche à droite ; et je trouve plaisant
» un Hébreu qui écrit en revenant de droite à gauche.

» C'est vous-même qui êtes plaisant, me dit l'Hébreu;
» vous ne voyez votre écriture que quand vous l'avez
» faite, et qu'il n'est plus temps de la réformer, votre
» main et votre plume vous la cachent : au lieu que
» nous, venant de droite à gauche, nous voyons le
» trait à mesure qu'il se forme. Rions, si vous le
» voulez, de son raisonnement. Toujours est-il vrai
» qu'à en juger par l'imagination, nous croyons que
» nos antipodes ont la tête en bas, et que c'est à nous
» seuls qu'il appartient de l'avoir en haut. » Cette
opinion du vulgaire ignorant, concernant les antipodes, se trouve ici habilement comparée, avec celle
des hommes qui s'imaginent légèrement que leur langue est la plus régulière, que la construction de leurs
phrases est la seule naturelle, parce qu'ils n'en savent
pas davantage.

M. le Comte. Oui, Docteur. Nos antipodes ont la
tête en haut, comme nous. Les gens instruits en sont
persuadés aujourd'hui. Mais nous, Français, avons-nous
la tête en haut comme les Latins, c'est-à-dire, parlons-
nous selon les lois de la nature, quand nous confondons
l'ordre des temps, des lieux, des actions, des causes,
des effets, des principes et des conséquences ? Je n'ose
pas le penser, et je crains bien que nous ne mar-
chions les pieds en l'air, sans nous en apercevoir : ce qui ne seroit pas mal plaisant aussi. Au
reste, tout dépend de l'habitude, comme le dit fort
bien Batteux.

M. le Docteur. Le père du Cerceau ne méritoit
pas une réfutation plus sérieuse. Il n'en est pas de
même du savant Dumarsais dont nous avons déjà
examiné la doctrine, et contre lequel il dut déployer

toute sa logique. Après avoir considéré ses trois sortes
de constructions, comme nous l'avons fait nous-
mêmes : « Dumarsais, dit M. Batteux, appuie sur
» l'hyperbate, de manière à faire comprendre claire-
» ment ce qu'il pense sur la question des constructions.
» L'hyperbate, c'est-à-dire, confusion, mélange des
» mots, est lorsqu'on s'écarte de l'ordre successif
» de la construction simple. Il semble qu'il eût été
» plus exact de dire transposition ou déplacement. Le
» mot confusion porte une idée de vice et de défaut ;
» et l'hyperbate est une beauté. Ou l'hyperbate
» n'étoit point sentie par les Latins, puisque c'étoit
» leur construction pour ainsi dire naturelle ; ou, si
» elle étoit sentie comme figure, elle devoit se définir
» non par le renversement, mais par l'observation de
» l'ordre successif de la construction simple. »

. M. le Comte. Ce dilemme de M. Batteux me
paroît irrécusable. Ou l'hyperbate n'étoit point sentie
par les Latins, puisque c'étoit leur construction naturelle : je serois assez porté à croire que les Latins ne
connoissoient point l'hyperbate, parce que Cicéron
n'en parle point dans ses ouvrages, et parce que la
construction naturelle des Latins dépendoit d'une règle
particulière qui donnoit bien lieu à l'hyperbate selon
nous, sans être l'hyperbate elle-même. Les vrais Latins
étoient tellement accoutumés à leur genre de construction qu'ils n'avoient pas besoin de recourir à cette
figure, qui suppose toujours une transposition artificielle, quoique légitime, qui étoit fréquemment usitée
par les Grecs. Leur discours se composoit sans son
intervention et d'une manière bien simple, comme
l'atteste ce passage de Cicéron. *Verborum eligen-*

dorum, et collocandorum, et concludendorum facilis est ratio, vel, sine ratione, ipsa exercitatio. C'étoit chez eux une habitude qui tenoit au génie de la nation.

Ou, si elle étoit sentie comme figure, elle devoit se définir non par le renversement, mais par l'observation de l'ordre successif de la construction simple. Pour nous en certiorer, remontons à l'étymologie du mot hyperbate, sans nous arrêter à la signification qui lui est donnée dans nos Dictionnaires, où une ancienne erreur est toujours copiée scrupuleusement par leurs rédacteurs, qui ne se méfient point du savoir et de l'intelligence de leurs prédécesseurs.

Hyberbate vient du mot grec Ὑπέρϐατον, qui signifie selon Schrevelius, *verborum ordo transpositus,* et selon M. Planche, inversion ou figure de grammaire qui renverse l'ordre naturel des mots. Cet estimable auteur m'excusera sans doute, si j'ose vous faire observer qu'il traduit mal *verborum ordo transpositus:* ce qui signifie transposition des mots et non inversion. Cicéron a donné le véritable sens de ce dernier mot dans son Traité de l'Orateur : *Invertuntur autem verba, ut Crassus apud M. Perpennam judicem, pro Aculeone cum diceret, aderat contra Aculeonem Gratidiano. L. Helvius Lamia, deformis, ut nostis, qui cùm interpellaret odiosè : audiamus, inquit, pulcellum puerum, Crassus. Cum esset arrisum, non potui mihi, inquit Lamia, formam ipse fingere, ingenium potui. Tum hic : audiamus, inquit, disertum : multo etiam arrisum est vehementius.* Vous voyez que par inversion, Cicéron entendoit un simple jeu de mots, et non le renversement de l'ordre naturel des mots. M. Planche a sans doute été induit en erreur par une foule de Dictionnaires latins qui définissent *hyberbaton*, le mélange et la confusion qui se trouvent dans l'ordre des mots et dans le discours : ce qui est encore plus fort.

Revenons donc à Schrevelius qui nous donne pour la valeur de Ὑπέρϐατον, *verborum ordo transpositus*. Hyperbate signifie donc transposition des mots ; mais non l'inversion ou le renversement de l'ordre naturel des mots, et encore moins le mélange et la confusion qui se trouvent dans l'ordre des mots et dans le discours. Cette première source d'erreur reconnue, réfléchissons sur le sens du mot transposition. Au premier aspect, la transposition présente à l'esprit l'idée de désordre ; mais comment une figure qui constitue l'excellence du discours grec et latin, n'entraîneroit-elle que confusion ? N'y auroit-il pas des transpositions vicieuses et des transpositions élégantes ? Oui sans doute, et par Ὑπέρϐατον les Grecs entendoient justement une transposition légitime. Un mot ne se trouve point placé, par les règles de concordance ou de régime, où il convient pour le sens de la phrase et pour l'harmonie ; les Grecs bien plus que les Latins le transposent et le réintègrent dans ses droits naturels. Il n'y a là ni confusion, ni mélange, ni renversement. Si les auteurs de Dictionnaires avoient fait cette réflexion si simple, il n'y auroit pas eu plus de confusion dans leurs idées que dans l'hyberbate.

D'où vient Ὑπέρϐατον lui-même ? Du verbe Ὑπερϐαίνω composé du simple ϐαίνω qui veut dire *marcher, aller, monter* et de la préposition Ὑπέρ, *au-dessus, par-dessus*. En conséquence, le Lexicon de Schreve-

lius donne la signification de Ὑπερϐαίνω, superegre-
dior, transgredior, scando super reliquos, opprimo,
prævaricor. Je passe par-dessus, je passe au-delà,
je marche sur les autres, j'opprime et je prévarique.
Qui ne voit que ce verbe a deux sens ? Il signifie su-
peregredior, transgredior, je marche au-dessus, en
avant, au-delà, ce qui est légitime dans mille oc-
casions ; secondement, il veut dire aussi : Scando
super reliquos, opprimo, prævaricor, je marche
dessus les autres, j'opprime, je prévarique, ce qui
est toujours un mal. Nous avons dans le latin et même
dans notre propre langue, une foule de verbes dont
le sens figuré est absolument contraire au sens propre.
Le verbe grec Ὑπερϐαίνω peut donc se prendre autant
en bonne qu'en mauvaise part, d'où il suit que le
mot hyperbate a aussi deux acceptions différentes que
les Grecs, vu la richesse de leur idiome, ont bien
su rendre, par des mots distincts : Ὑπερϐασία, Ὑπερ-
ϐασις, transgressio, peccatum, injuria, et Ὑπέρϐατος,
Ὑπέρϐατον, superans, excellens, præstantissimus.
L'hyperbate étoit donc une beauté chez les Grecs et
non un défaut. Si les Latins se sont servis de cette
figure, ce qui n'est point assez certain par les raisons
que j'ai ci-dessus alléguées, ils ne l'ont employée,
comme les Grecs, que pour la plus grande perfection
de leurs discours. En effet, s'est-on jamais avisé de
dire qu'un colonel qui marche en avant et à la tête de
son régiment, fait une transgression et pèche contre
la discipline militaire ? C'est son grade qui l'exige.
De même un mot qui, en vertu de l'hyperbate, précède d'autres mots dans une phrase, ne viole pas la
construction naturelle : c'est sa supériorité qui l'or-

donne ainsi. D'ailleurs les Latins n'avoient-ils pas
l'esprit trop fin pour fonder la construction générale
de leur langue sur une transgression, une erreur de
principe ?

M. le Docteur. Je crois avec vous, M. le Comte,
que les littérateurs modernes ont donné au mot
hyperbate un sens forcé, et que d'ailleurs les Latins
ne suivoient point cette figure dans leurs constructions
comme l'a fort bien soupçonné M. Batteux. Et cette
opinion se fortifie par l'explication du rhéteur grec
Longin, qui a composé un Traité du Sublime, dont
Boileau nous a laissé une traduction.

« L'hyperbate, dit Longin, n'est autre chose que
» la transposition des pensées ou des paroles, dans
» l'ordre et la suite d'un discours ; et cette figure
» porte avec soi le caractère véritable d'une passion
» forte et violente. » Or, nous avons vu que, chez les
Latins, ce que nous nommons inversion n'a lieu que
dans le discours calme, que cette belle construction,
si conforme à l'hyperbate, est troublée chez eux par
la passion. Ce n'étoit donc point proprement
l'hyperbate qui leur servoit de règle.

M. le Comte. La réflexion que vous venez de
faire, mon cher Docteur, peut devenir fort importante
par la suite. En effet quoique les Latins aient emprunté des Grecs une foule d'expressions et de locutions,
il seroit possible que la construction générale de
leurs périodes différât de la tournure des phrases
grecques et fût même plus parfaite : c'est un point
de discussion grammaticale que nous pourrons en-
tamer quelque jour. Mais en ce moment attachons-
nous entièrement aux Latins.

M. le Docteur. M. Batteux combat avantageu-
sement M. Dumarsais, et se garde bien de tomber
dans l'erreur commune : « Cette propriété, dit-il,
» de la construction latine n'auroit-elle pas dû arrê-
» ter tout court notre savant grammairien ? Il étoit aisé,
» voyant une langue riche et parfaitement flexible
» suivre constamment un ordre contraire à l'ordre qui
» nous paroît naturel, de soupçonner qu'il pouvoit y
» avoir un autre ordre aussi naturel que celui qu'on dit
» être celui de l'esprit et des idées. »

Ce sentiment est le même que celui de Condillac,
comme vous voyez ; mais j'ajoute à ce que nous dit
M. Batteux, qu'il étoit aisé de soupçonner qu'il y
avoit un autre ordre plus naturel que le nôtre ; et,
pour trancher la difficulté, il ne falloit qu'une sérieuse
attention, dégagée de tout préjugé, pour reconnoître
que la construction latine étoit la seule naturelle.
« Car il étoit difficile, comme le dit M. Batteux, de
» supposer que la langue des Cicéron, des Térence,
» des Virgile, étant libre de suivre partout l'ordre
» naturel des idées, se fût fait une règle constante
» d'en suivre un qui le renverse de tout point. »

Il est fâcheux qu'un savant d'un tel mérite retombe
toujours dans son ordre d'intérêt ; auquel il n'étoit si
fortement attaché que parce qu'il ne trouvoit point de
moyen plus propre à expliquer le génie de la langue
latine, et à nous en faire apprécier les beautés.

M. le Comte. Reconnoissons, Messieurs, que les
sciences sont bien loin d'être épuisées, comme le disent
légèrement certaines personnes peu instruites qui ne peuvent en sonder toute la profondeur: Que de travaux, que
de peines, que de recherches infructueuses pour expli-

quer convenablement la construction latine ! Ah ! le
siècle de Louis XIV nous a laissé encore de vastes champs
à défricher. Marchons donc avec courage, mais avec
réserve dans la carrière épineuse que nous parcourons,
et ne perdons point de vue cette belle parole du
plus docte des Grecs : *Je sais que je ne sais rien.*
En nous rapprochant des anciens, nous apprendrons
toujours quelque chose d'utile. Ceux qui croient
tout savoir, sont condamnés à rester toujours ignorans.
Et le nombre de ces hommes présomptueux, qui
ne veulent rien voir, rien examiner, rien peser,
parce qu'ils s'imaginent avoir tout embrassé, est
très-considérable, je ne dis pas seulement parmi les
jeunes gens dont la vanité trouve une excuse facile,
mais même parmi des vieillards qui ne voient rien
au-dessus d'eux, bien qu'à chaque minute ils soient
avertis de la foiblesse de leur esprit par des difficultés insurmontables. Je ne me permets ces réflexions,
mon cher neveu, que pour vous préserver d'un
travers insupportable.

M. le Docteur. La médecine que je professe prouve
particulièrement combien les connoissances humaines
sont bornées. Dans l'état actuel des sciences, si nous
pensions connoître toutes les causes des maladies et
tous les moyens de guérison, nous négligerions l'étude
de la nature, et le peu que nous savons s'évanouiroit
bientôt. Mais toutes les parties de l'histoire naturelle
sont cultivées avec la plus grande ardeur, et tous les
jours nous faisons de nouvelles découvertes. Il doit
en être de même des langues anciennes. Quand on croira
moins les posséder, on sera plus disposé à les bien
savoir, parce qu'on ne négligera aucun des moyens
propres à les apprendre.

Résumons-nous donc au sujet de M. Batteux. Nous
pouvons admettre, je crois, sans danger, comme ce
fameux rhéteur, trois ordres de construction, savoir :
l'ordre analytique qui est préparatoire et nullement
usuel, l'ordre synthétique qui constitue le langage de
la nature, et l'ordre oratoire dont l'objet est d'exprimer
les passions. Il me reste maintenant à vous parler
de Denys d'Halicarnasse. L'examen de son Traité sur
l'arrangement des mots pourra vous intéresser par
les vues utiles qu'il renferme. Nous verrons que ses
idées sur ce point avoient beaucoup d'analogie avec
celles de M. le Comte.

« Les vers et la prose, dit Denys d'Halicarnasse,
» doivent toute leur beauté aux liaisons et à l'accord
» des expressions. Si les expressions sont jetées sans
» ordre et comme au hasard, elles ôtent aux pen-
» sées tout leur mérite. On a vu des poëtes, des
» historiens, des philosophes, des orateurs, qui
» savoient trouver les expressions les plus belles et
» les plus heureuses, mais qui en ont perdu tout
» le prix, faute d'avoir su les arranger. D'autres
» au contraire qui n'ont employé que les expressions
» les plus ordinaires et les plus communes, ont su,
» par le seul arrangement qu'ils leur ont donné,
» répandre des grâces infinies sur leurs discours. L'ar-
» rangement semble être au choix des mots, ce que
» les mots sont aux pensées. En vain emploierez-
» vous les plus belles pensées, si elles sont mal ren-
» dues par les mots ; en vain emploierez-vous les
» mots les plus beaux, les mieux choisis, si vous
» ne savez les assembler d'une manière gracieuse et
» convenable. »

8

Afin de prouver ce qu'il avance, il cite plusieurs morceaux tirés d'Homère et d'Hérodote. Tout ce qu'il dit à ce sujet est applicable à la langue latine, à la langue française, à toutes les langues, car il n'y a personne qui n'avoue que, dans l'élocution, l'arrangement des mots fait plus que le choix.

Il continue ainsi : « Les anciens, presque tous, donnoient la plus grande attention à cette partie, et c'est ce qui a donné à leurs vers, et même à leur prose, cette perfection que nous admirons. Ceux qui sont venus après eux, si on en excepte un petit nombre, n'y ont pas apporté le même soin, et depuis encore on est venu au point de la négliger totalement. On est persuadé que ce soin est inutile et ne contribue en rien à la beauté du discours. Qu'en est-il arrivé ? Qu'on ne peut soutenir jusqu'au bout la lecture de nos ouvrages modernes. »

Ne sembleroit-il pas que Denys d'Halicarnasse connoissoit les merveilleux écrivains du jour, qui méprisent les règles de l'art et nous replongent dans la barbarie ? Ceux qui écrivent en latin, et le nombre en est fort petit, prennent au moins, en apparence, quelque soin de leurs constructions, en tâchant d'imiter les bons modèles par tâtonnement. Il n'est pas douteux qu'ils n'appliquassent les principes de l'ordre naturel des anciens, s'ils les connoissoient. Mais, pour la plupart des beaux-esprits qui écrivent dans notre langue, tant de précaution leur paroîtroit une peine ridicule et puérile. La nature, disent-ils, ne veut pas tant d'entraves, et ils laissent couler de leur plume indulgente, les mots comme ils se présentent, sans daigner les rectifier ni les arranger. Combien

cette malheureuse facilité a nui à notre littérature.
Chacun s'aperçoit de sa décadence. Suffit-il d'en gé-
mir? Ne doit-on pas s'opppser au torrent du mauvais
goût? Est-il pour cela un moyen plus propre que de
recourir aux règles? Qu'on ne cherche plus la raison
de la différence que l'on remarque entre les productions littéraires du siècle de Louis XIV et celles du
nôtre : elle provient visiblement de l'insouciance des
auteurs sur l'arrangement des mots, et de leur mépris
pour les études sérieuses. Autrefois, une érudition
profonde soutenoit les auteurs de bon goût dans la
composition de leurs ouvrages. Aujourd'hui, ceux
qui écrivent ne s'appuient sur rien. Les ignorans
donnent en tout lieu le ton frivole de cet esprit falla-
cieux qui dénature les meilleures choses, et dont l'influence a des suites extrêmement fâcheuses; puisque,
dans les classes de la société les plus illétrées, on veut
à toute force montrer de l'esprit. Mais, avec cet
esprit-là, on finit par n'avoir plus le sens commun :
il faut enfin revenir aux bonnes études.

M. le Comte. Quel parti plus sage pouvons-nous
embrasser? Ah! ne craignons pas de suivre la route
de Corneille, de Racine, de Boileau, qui avoient
long-temps médité les écrits des Grecs et des Latins,
avant de créer leurs chefs-d'œuvre. Nourrissons-nous
de la lecture des anciens, et nous pourrons parvenir
un jour à la gloire de ces poëtes illustres.

M. le Docteur. « J'ai feuilleté, dit le même auteur,
» tous les auteurs anciens, et en particulier les Stoï-
» ciens, qui ont beaucoup écrit sur la nature et les
» règles du langage, mais je n'ai rien trouvé nulle
» part sur l'arrangement des mots, relativement à la

8 *

» perfection de l'éloquence. J'ai ensuite réfléchi en
» moi-même, et j'ai cherché si la nature ne nous au-
» roit pas donné quelques principes sur cet objet : car,
» en tout genre , c'est la nature qui sert de base et
» qui fournit les vrais principes. Je saisis donc quel-
» ques vues qui m'avoient paru assez heureuses ;
» mais bientôt il fallut les abandonner , parce qu'elles
» ne menoient point au but. Je vais en rendre compte,
» pour faire voir que ce n'est pas sans raison que j'y
» ai renoncé. »

M. le Comte. Je serai charmé d'apprendre comment
ce Grec a considéré et traité notre question.

M. le Docteur. « J'avois donc pensé d'abord que la
» nature devoit être prise pour guide , et qu'elle de-
» voit régler la manière d'arranger les mots. »

M. le Comte. Mais il avoit fort bien pensé.

M. le Docteur. « En conséquence, je crus qu'il
» falloit placer les noms avant les verbes , parce que le
» nom exprime la chose et les verbes les rapports ou
» modifications de la chose , car la chose doit être
» avant ce qui la modifie , comme dans Homère :
» ἄνδρα μοι ἔννεπε Μῦσα, *Virum dic mihi, Musa* , et
» d'autres passages semblables, où les noms sont à la
» tête et les verbes viennent après. Cette règle a un
» certain degré de vraisemblance, mais elle ne m'a
» point paru vraie. Car il y a dans le même poëte
» mille exemples du contraire , qui ne sont pas moins
» beaux , ni moins dignes d'être approuvés. »

M. l'abbé Batteux s'étonne avec raison que Denys
d'Halicarnasse ait pris ses exemples dans un poëte.
En effet , nous avons déjà remarqué que les poëtes,
comme les orateurs , troubloient souvent l'ordre de la

construction naturelle , tantôt pour peindre les passions, tantôt pour les exciter.

M. le Comte. Ce n'est point là la plus grande
faute de ce rhéteur : il auroit bien dû , en parlant des
noms, distinguer les nominatifs et vocatifs d'avec les
régimes , car l'exemple ci-dessus rapporté ne prouve
absolument rien. Μῆσα est un nom aussi-bien que
ανδρα, de manière qu'il y a un nom avant le verbe
ἔννεπε et un autre après. Duquel veut-il parler ? Du
régime. Mais le sujet placé après le verbe détruit son
raisonnement. Denys d'Halicarnasse n'a donc point
embrassé sa règle dans toute sa généralité.

M. le Docteur. « J'avois cru encore qu'il seroit
» mieux de placer les verbes avant les adverbes, parce
» qu'il est naturel que ce qui agit ou reçoit l'action ,
» soit avant les circonstances qui accompagnent l'ac-
» tion , telles que la manière, le lieu, le temps, etc.,
» toutes choses qui se marquent par les adverbes. » Il
cite des exemples à l'appui de cette opinion , et bientôt d'autres qui la contrarient ; d'où il conclut que sa
règle n'est pas vraie.

M. le Comte. Non, certes, elle ne l'est point,
mais ce n'est pas pour la raison qu'il allègue. Il ne
me paroît point juste du tout d'avancer et de poser en
principe que l'adverbe doit toujours suivre le verbe ,
parce que, parmi les circonstances qui accompagnent
l'action exprimée par le verbe, il y en a qui précèdent
et d'autres qui suivent cette action ; par conséquent
il y a des adverbes qui doivent précéder le verbe, et il
y en a qui doivent être placés après : c'est ce que les
bons auteurs latins ont observé et probablement les
Grecs aussi, sans que Denys d'Halicarnasse s'en doutât.

M. le Docteur. « J'avois cru qu'il falloit observer
» l'ordre des temps, et présenter ce qui a été fait d'a-
» bord. Très-bien, dira-t-on, je le veux ; mais il y a
» une quantité de vers très-beaux qui ont un autre
» arrangement. »

M. le Comte. Il avoit rencontré la véritable règle,
comme par miracle, et le malheureux la laisse échapper sans retour par pure obstination. Pourquoi veut-il
absolument prendre ses exemples dans les poëtes qui
ont mille raisons artificieuses de ne point suivre la
construction naturelle, indépendamment de la gêne
qui leur est imposée par la mesure du vers ? Quand
nous serons arrivés aux applications du grand principe de la latinité, nous verrons que Virgile, le pur
Virgile, n'a pu s'affranchir lui-même de cette servi-
tude, dans beaucoup d'endroits de son admirable
Enéide.

M. le Docteur. « Enfin, je voulois que les noms
» propres, appellatifs, adjectifs, les pronoms, fussent
» placés les uns à l'égard des autres, selon certaines
» règles, et de même les verbes, soit actifs, soit pas-
» sifs, selon les temps, les modes, les personnes, etc. ;
» mais toutes ces idées ont été détruites par les exem-
» ples contraires. Une construction plaît, la contraire
» plaît de même. J'ai donc cru devoir renoncer à
» cette idée. »

Il a sans doute mal fait de se décourager ainsi : il
auroit dû, je crois, approfondir davantage sa première idée, la développer, poser les principes généraux, déterminer les exceptions, et surtout puiser ses
exemples dans les bons historiens et dans les philosophes qui ont parlé le langage de la raison. Au reste,

il peut se faire que le génie de la langue grecque ait, différé de la construction latine.

M. le Comte. Il est bien plus probable que les Romains qui ont tant emprunté aux Grecs, ont aussi imité la belle structure de leurs phrases. Cicéron est tout plein de leur esprit et de leur doctrine. Je vois briller la même lumière et la même sagesse dans ces deux idiomes. Peut-être serai-je assez heureux pour justifier un jour ma conjecture ; mais ne perdons pas le fil de notre analyse.

M. le Docteur. Denys d'Halicarnasse ne pouvant venir à bout de son dessein, se jette sur les autres parties de l'élocution qui tendent à flatter l'oreille, après avoir dit à ses lecteurs : « Je ne parle même au- » jourd'hui de ma tentative, aussi bien que des traités » de nos dialecticiens, que pour avertir ceux qui pour- » roient en espérer quelque lumière, de ne pas se » fatiguer pour les entendre, et de se défier de ces » titres de livres et des noms des auteurs qui pour- » roient leur en imposer. »

M. le Comte. C'est pousser la complaisance un peu loin : que Denys d'Halicarnasse nous permette pourtant de ne pas suivre son avis. De ce qu'il s'est fatigué pour ne pas entendre les dialecticiens de son temps, il ne s'ensuit pas qu'on doive abandonner la recherche de la plus belle règle grammaticale qui ait jamais existé. Pour ma part, je suis peu tenté de me défier des titres des livres qui me promettront de l'instruction, non plus que des noms d'auteurs qui, comme Cicéron, par exemple, ne peuvent nous en imposer.

M. le Docteur. Ce qu'il y a de remarquable, c'est la manière dont il termine son article : « Je répète,

» dit-il, que les anciens, tant poëtes qu'historiens,
» orateurs et philosophes, ont donné la plus grande
» attention à cette partie de l'art, et qu'ils n'ont pas
» cru devoir s'en rapporter au hasard pour joindre les
» mots avec les mots, les membres avec les membres,
» les périodes avec les périodes. Ils avoient des règles.
» Quelles furent ces règles ? » C'est ce qu'il n'a pu
exposer.

M. le Comte. Il ne faut point lui en vouloir pour cela.
Il s'est montré généreux et a mérité notre gratitude.
Allons prendre quelque repos. Demain, je tâcherai
de dissiper le reste des nuages qui offusquent encore
notre vue.

M. le Chevalier. S'il étoit possible, mon cher
oncle, de savoir aujourd'hui.....

M. le Comte. Non, mon cher neveu. Notre séance
a été longue; il est temps de la terminer. Mais, puisque vous êtes infatigable, je vous conseille de recueillir par écrit le sujet de notre entretien, pendant le
reste du jour.

M. le Chevalier. Ce conseil est excellent : je vais le
suivre sur-le-champ.

QUATRIÈME DIALOGUE.

INTERLOCUTEURS.

M. LE COMTE.

M. LE DOCTEUR.

M. LE CHEVALIER.

M. le Chevalier. Le voici donc arrivé ce jour heu-reux, si ardemment desiré, où toutes mes incertitudes, sur la belle construction des Latins, doivent cesser, où Cicéron doit par votre organe, ô mon cher oncle, nous faire confidence du secret de son art !

M. le Docteur. La joie de M. le Chevalier est bien naturelle. La mienne est un peu troublée par la dou-leur d'avoir cherché vainement, pendant toute cette nuit, le précepte du plus grand des maîtres.

M. le Comte. Comment, M. le Docteur, vous vouliez me ravir le bonheur de communiquer à cet aimable Chevalier, la règle de latinité que je lui pro-mets depuis tant de jours.

M. le Docteur. Ce n'étoit point là mon dessein ; je voulois satisfaire l'espèce d'impatience que j'é-prouve ; car votre ardeur m'a gagné, et jamais la langue latine ne m'a si délicieusement occupé.

M. le Comte. Ah! les momens que l'on consacre à cette étude sont en effet bien doux. Reprenons donc,

avec courage, le cours de notre discussion grammaticale. Nous avons vu, Messieurs, dans nos précédens
entretiens, que les auteurs de livres classiques n'ont rien
dit, dans leurs différentes méthodes, qui fût directe-
ment relatif au génie de la construction latine; que
tous nos littérateurs modernes, les plus fameux, ont
fait de leur côté des efforts inutiles pour s'éclairer sur
ce sujet, et qu'au milieu de leurs opinions divergentes,
nos esprits incertains n'ont su définitivement à laquelle
ils pouvoient se fixer, parce qu'aucune ne remplissoit
les conditions du célèbre problème dont nous cherchons la solution avec tant d'avidité. Il faut enfin
percer la nuit des temps, signaler la cause de l'erreur et remonter à la source de l'élocution latine.

Parmi les grammairiens du premier ordre, qui ont
écrit dans les premiers siècles de notre ère, je distingue
Priscien. Je m'attache à son ouvrage avec d'autant plus
de raison, qu'il paroît que tous les auteurs qui l'ont
suivi se sont appuyés sur sa doctrine.

Je trouve cette définition du discours dans son livre
dixième, intitulé : *De constructione, sive de ordinatione partium orationis.*

» Est oratio comprehensio dictionum aptissimè or-
» dinatarum, et quomodo ex syllabarum conjunctione
» dictio, sic ex dictionum conjunctione perfecta oratio
» constat. »

Le discours est un arrangement de mots bien or-
donnés entr'eux, et de même qu'un mot est formé par
la réunion des syllabes, de même un discours parfait
est composé par celle des mots. Nous n'avons rien à
redire à cette définition. Il n'en est pas de même de
l'explication qu'il donne de la construction.

Par construction il entend absolument les accident
des cas, des noms et des différens temps des verbes; les
règles d'accord et de régime, l'ellypse, le pléonasme,
la syllepse, l'hyperbate et tout ce fatras de fausse
science que ses compilateurs ont reproduit mille fois
après lui, avec une exactitude qui annonce que leurs
esprits prévenus ne pouvoient aller plus loin. Nous
nous sommes déjà trop arrêtés sur ces circonstances :
il sera plus intéressant pour nous d'examiner ce qu'il
veut signifier par ces mots : *Ordinatio partium ora-*
tionis. Il dit :

« Solet quæri causa ordinis elementorum ; quare,
» A, ante B et cætera. Sic et de ordinatione casuum et
» generum et temporum et ipsarum partium orationis
» solet quæri. »

La recherche de la cause de l'ordre des lettres al-
phabétiques, est trop minutieuse ou trop indifférente
pour nous. Les Latins ont suivi, à cet égard, la marche
des Grecs, comme nous avons adopté celle des Latins.
Que nous importe de savoir pourquoi les anciens les
ont ainsi rangées ? Toute autre combinaison auroit
produit le même effet et n'auroit rien changé à la composition des mots et des phrases. J'en dirai autant de
l'ordre des cas. Il paroît égal pour la régularité du
discours, que le vocatif soit établi dans les déclinaisons
avant ou après le nominatif, ou qu'il soit rejeté à la
pénultième place. Ces frivoles distinctions ne peuvent
étendre la sphère de nos connoissances. L'ordonnance
des genres est indiquée par la nature; quant à la clas-
sification des temps des verbes, il eût été plus raisonnable peut-être de placer les temps du passé avant
ceux du présent ; mais il résulteroit trop peu d'avan-

tage du changement d'ordre des temps des conjugaisons latines, pour prendre ce soin. Pour être admise,
toute innovation doit être éminemment utile : sans
quoi elle blesse les anciennes habitudes, sans aucun
fruit réel. La subordination des parties du discours est
plus impérieuse, et mérite attention.

« Restat igitur de supradictis tractare, et primo de
» ordinatione partium orationis. Quidam suæ sola-
» tium imperitiæ quærentes, aiunt non oportere de
» hujuscemodi rebus quærere, suspicantes fortuitas
» esse ordinationum positiones. Sed quantum ad eo-
» rum opinionem evenit generaliter nihil per ordina-
» tionem accipi, nec contra ordinationem peccari :
» quod existimare penitùs stultum est. Si autem in
» quibusdam concedant esse ordinationem, necesse
» est etiam in omnibus eam concedere. Sicut igitur
» aptâ ordinatione perfecta redditur oratio, sic ordi-
» natione aptâ traditæ sunt à doctissimis artium scrip-
» toribus partes orationis. »

Certains hommes, cherchant à se consoler de leur
ignorance, disent qu'il ne faut point s'inquiéter de
pareilles choses, soupçonnant que l'arrangement des
mots est fortuit ; mais d'après leur opinion le mot construction seroit vide de sens, et on ne pécheroit jamais
contre ses lois : ce qu'il seroit tout-à-fait ridicule de
penser. S'ils reconnoissent que l'arrangement se fait
remarquer dans certaines parties, il faut qu'ils conviennent qu'il doit se montrer dans toutes. Et de même
que c'est l'ordonnance exacte des mots qui rend le discours parfait, de même aussi les parties du discours
nous ont été transmises dans un ordre constant par les
plus habiles écrivains.

Ce grand raisonnement ne nous avance guère. Priscien, au lieu de nous faire connoître dans quel ordre les mots doivent être placés pour former une phrase régulière, pittoresque, descriptive et harmonieuse, se borne à nous dire dans quel ordre les parties du discours doivent être exposées dans une grammaire, eu égard à leur importance significative dans une période. Cette considération s'éloigne beaucoup de l'objet de nos recherches, quoiqu'elle ne soit point destituée de tout fondement.

« Primo loco nomen, secundo verbum posuerunt, » quippe cum nulla oratio sine his compleatur, quod » licet ostendere à constructione, quæ continet penè » omnes orationis partes, à quâ si tollas nomen aut » verbum, imperfecta fit oratio. Sin autem cætera » subtrahas omnia, non necesse est orationem defi- » cere, ut si dicas : *Idem homo lapsus, heu! hodiè » concidit.* En omnes insunt partes orationis; absque » conjunctione. Quidem si addatur, aliam orationem » exigit. Ergo si tollas nomen, aut verbum, deficit » oratio. Desideras vel nomen vel verbum, ut si » dicam. *Idem lapsus, heu! hodiè concidit*; vel, *idem » homo lapsus heu! hodiè.* Sin subtrahas adverbium, » non omninò deficiet oratio, ut : *Idem homo lapsus » heu! concidit.* Necnon et si participium adimas, » neque sic deficiet, ut : *Idem homo heu! hodiè con- » cidit.* Nec si præpositionem et interjectionem, ut : » *Idem homo cecidit.* Nec si etiam pronomen, ut : » *Homo concidit.*

» Ante verbum necessariò ponitur nomen, quia » agere et pati substantiæ proprium est, in quâ est » positio nominum ex quibus proprietas verbi, id est,

» actio et passio nascitur. Inest igitur intellectu no-
» minativus in ipsis verbis, sine quo substantia signi-
» ficari non poterat. »

Voilà l'esprit, Messieurs, du plus grand grammairien du sixième siècle. Devons-nous nous étonner si
ses commentateurs n'ont pas répandu plus de lumières
en Europe?

M. le Docteur. Priscien a sans doute été défiguré
et peut-être totalement dénaturé par ses innombrables
copistes.

M. le Comte. Cela n'est que trop vraisemblable,
car son éditeur ne fait point difficulté de s'expliquer
ainsi dans sa préface : « Verumtamen quod hoc opus
» aggressi fuimus, parùm abfuit quin ab incœpto de-
» sisteremus : tot erat nubibus obscuratus auctor iste,
» tot mendarum tenebris involutus, tot erratis inqui-
» natus, ut ex ejus lectione nullus ferè sensus elicere-
» tur. Veteribus tamen exemplaribus manuscriptis et
» excusis inter se collatis, hunc grammaticorum prin-
» cipem ab eo, quo potuimus, squalore immundi-
» tiâque vindicavimus, adeòque ut alterum ferè
» Priscianum (tot erat maculis, iisque insignibus as-
» persus) revixisse, quivis præter temeritatis crimen
» ingenuè fateri possit.

Je me suis convaincu, par l'inspection des manuscrits,
de la mutilation de l'ouvrage de Priscien : ce qui le rend
inintelligible dans une foule d'endroits. Les divers littérateurs qui ont voulu rétablir le véritable sens, l'auront
commenté à leur manière, substituant sans façon leurs
pensées à celles de l'auteur qu'ils ont voulu éclaircir :
c'est une licence que certains savans imprudens se sont
permise et se permettent encore, sans réfléchir au

mal qu'ils font à la littérature. Car , de ce qu'ils ne comprennent pas certains passages , s'ensuit – il absolument que ces endroits ne renferment aucun sens? Et peut-on , pour une raison aussi suspecte , se permettre d'altérer les originaux ? N'est-ce pas un attentat ? Si tous ceux qui ont copié Cicéron avoient procédé de la même manière , ses ouvrages seroient aussi perdus pour nous : ce qui seroit le plus grand des malheurs.

Je ne veux point cependant vous insinuer que Priscien ait écrit une grammaire parfaite. La latinité étoit déjà perdue au sixième siècle ; sa décadence avoit été progressive depuis Quintilien jusqu'à lui. C'est peut-être ce dernier auteur qui lui a porté le coup le plus funeste, parce que c'est lui, peut-être, qui le premier a osé méconnoître les règles , les violer et en poser de contraires aux véritables, sans calculer toutes les conséquences du mauvais exemple qu'il donnoit aux grammairiens et aux rhéteurs. Interrogeons donc les deux écrivains de l'antiquité qui seuls peuvent nous instruire, l'un par son erreur , et l'autre par sa doctrine ; Quintilien et Cicéron. Je commence par le premier.

Avant tout, et pour ne commettre aucune injustice envers Quintilien , remarquons avec La Harpe l'époque où il composa ses Institutions oratoires. « C'é-
» toit celle , dit-il , de l'entière corruption du goût ;
» et ce qu'entreprit Quintilien fait autant d'honneur à
» son courage qu'à ses talens. Né sous Claude , il
» avoit vu finir les beaux jours de l'éloquence , long-
» temps portée à son plus haut degré par Cicéron et
» Hortensius, et soutenue ensuite par Messala et Pol-

» lion , mais bientôt précipitée vers sa décadence , par
» la foule des auteurs qui ouvroient de tous côtés des
» écoles d'un art qu'ils avoient dégradé. «

Après cet hommage rendu publiquement , à la
mémoire d'un homme respectable , qui a rendu tant
de services importans à ses contemporains , dans la
carrière pénible de l'enseignement public , qu'il me
soit permis , Messieurs , de vous émettre librement
mon opinion sur ses principes , de manière qu'il en
résulte une instruction solide pour ceux qui , comme
mon neveu , trouvent mille charmes dans l'étude de la
langue latine.

Quintilien savoit bien que l'étude de la grammaire
doit être la première occupation de tout homme qui
veut devenir orateur : « Primus in eo qui legendi scri-
» bendique adeptus erit facultatem , grammaticis est lo-
» cus. Hæc igitur professio , cum brevissimè in duas
» partes dividatur , rectè loquendi scientiam , et poe-
» tarum enarrationem , plus habet in recessu , quam
» fronte promittit. »

La profession de grammairien , qui comprend deux
parties , l'art de bien parler et l'interprétation des
poëtes , a plus de profondeur qu'elle n'en annonce au
premier aspect. Ce sentiment est fort raisonnable , et
Quintilien , qui paroît avoir consacré spécialement ses
jours à l'enseignement de la rhétorique , auroit bien
dû s'appliquer plus sérieusement à la grammaire dont
il apprécioit tout le mérite.

« Nam et scribendi ratio conjuncta cum loquendo
» est , et enarrationem præcedit emendata lectio , et
» mistum his omnibus judicium est. »

Car l'art d'écrire est joint à celui de parler , et une

lecture soignée et un jugement sain doivent précéder l'explication des auteurs. Ces principes sont excellens; mais tout ce qu'il dit de la grammaire me paroît insuffisant. Il pouvoit bien rappeler en passant les principes fondamentaux de cet art, quoiqu'il écrivît des institutions oratoires : c'est précisément ce que Cicéron n'a pas dédaigné de faire lui-même, en écrivant son admirable traité *de Oratore.* Puisqu'il s'arrête à la considération de la lecture, de la musique, de la géométrie, de la prononciation et de la gesticulation, il pouvoit certainement s'étendre davantage sur la science qui sert de base à tous ces talens; mais il a voulu réserver ses réflexions les plus sérieuses sur cette haute matière, pour les chapitres de la disposition, de l'élocution et de la composition. Portons toute notre attention sur ces trois livres qui sont à mes yeux les plus importans de son ouvrage.

Nous trouvons dans le livre septième des Institutions, *de Dispositione,* ce beau passage :

« Ut opera extruentibus satis non est, saxa atque
» materiam et cætera ædificanti utilia congerere, nisi
» disponendis iis collocandisque artificum manus adhi-
» beatur : sic in dicendo quamlibet abundans rerum
» copia, cumulum tantum habeat atque congestum,
» nisi illas easdem dispositio in ordinem digestas, at-
» que inter se commissas devinxerit.

» Neque enim, quanquam fusis omnibus membris,
» statua sit, nisi collocetur. Et si quam in corpori-
» bus nostris, aliorumve animalium partem permu-
» tes et transferas, licet habeat eadem omnia, pro-
» digium sit tamen. Et artus etiam leviter loco moti,
» perdunt quo viguerunt usum : et turbati exercitus

9

» sibi ipsi sunt impedimento. Nec mihi videntur er-
» rare, qui ipsam rerum naturam stare ordine putant :
» quo confuso, peritura sint omnia. Sic oratio carens
» hâc virtute tumultuetur necesse est et sine rectore
» fluitet, nec cohæreat sibi, multa repetat, multa
» transeat, velut nocte in ignotis locis errans : nec
» initio, nec fine proposito, casum potiùs quàm
» consilium sequatur. »

Ce principe d'ordre n'est contesté par personne,
quoiqu'il ne soit pas observé par tout le monde, à
beaucoup près. Quintilien fait ici une heureuse comparaison de la pratique des beaux-arts avec la sage disposition d'un discours entier. Comme une phrase est
un discours en petit, il suit qu'on doit mettre dans
une période le même ordre que dans un discours complet. *Artus enim leviter loco moti, perdunt quo viguerunt usum.*

M. le Docteur. En effet, une simple phrase peut
servir à la composition d'un traité de plusieurs volumes, comme l'ouvrage le plus étendu peut être ra-
mené à une période unique : il est donc naturel d'admettre le même ordre de construction et dans l'une et
dans l'autre.

M. le Comte. Comme vous ne doutez nullement,
Messieurs, de l'utilité de la disposition oratoire, je
passe, sans plus tarder, au livre huitième.

L'élocution, dit Quintilien, est, du consentement
de tous les orateurs, la partie la plus belle, mais la
plus difficile de l'art oratoire.

» Eloqui enim hoc est, omnia quæ mente conce-
» peris promere atque ad audientes perferre. » L'élo-

cution consiste à exprimer toutes les pensées de l'esprit
et à les transmettre à ses auditeurs.

« Non ideo tamen sola est agenda cura verborum. »
Cependant il ne faut pas s'occuper seulement des
mots, ce sont les choses qui sont les nerfs du discours.
« Curam ergo verborum, rerum volo esse sollicitu-
» dinem. » Je veux que vous preniez soin des paroles, mais que vous portiez sur les choses une attention particulière qui approche de l'anxiété. « Nam
» plerumque optima rebus cohærent et cernuntur suo
» lumine. » Car les meilleures expressions sont atta-
chées aux choses qui répandent sur les mots la lumière
qui leur est propre.

M. le Docteur. Jusqu'à présent, je ne vois aucune
déviation des bons principes dans Quintilien, et je
crains que vous ne vous soyez trop emporté contre lui,
pour quelques légères modifications qu'il aura admises.

M. le Comte. Ne perdez point de vue, mon cher
Docteur, que les institutions oratoires ne sont pour
ainsi dire qu'un extrait des meilleures rhétoriques qui
ont paru jusqu'à *notre rhéteur.* Tant qu'il a suivi
l'esprit des anciens, il a dit d'excellentes choses ; il n'a
erré que quand il a voulu nous donner du sien. Son
chapitre de l'élocution est assez généralement bon ;
mais il laisse beaucoup à desirer. En effet, il s'exprime
ainsi :

« Quam Græci φράσιν vocant, latinè dicimus elocu-
» tionem. Eam spectamus in verbis, aut singulis,
» aut conjunctis. In singulis intuendum est, ut sint
» latina, perspicua, ornata, et ad id quod efficere
» volumus, accommodata. In conjunctis ut emendata,
» ut collocata, ut figurata. »

Nous nommons en latin élocution ce que les Grecs
appellent phrase : elle considère les mots séparés ou
réunis. Dans les mots pris chacun en particulier, il
faut bien prendre garde qu'ils soient latins, clairs, élégans et significatifs. Réunis en corps de phrase, il
faut qu'il soient châtiés, bien placés et figurés.

Il a donc parlé suffisamment de la latinité des mots,
de leur clarté, de leur élégance, de leur exacte signification. S'agit-il de désigner leur arrangement dans
l'ordonnance de la phrase? Il glisse sur cette question
délicate, et passe légèrement à l'explication des figures
et des tropes. Mais il nous a écrit un long chapitre sur
la composition, où il a compris les règles de la construction du discours. C'est là que l'erreur désastreuse est
adroitement inoculée, non pour purifier, mais pour
corrompre les esprits. Marchons ici avec précaution :
il y a des écueils à chaque pas.

« De compositione non equidem post Marcum Tul-
» lium scribere auderem, inquit Quintilianus (cui
» nescio an ulla pars operis hujus sit magis elaborata)
» nisi et ejusdem ætatis homines scriptis ad ipsum
» etiam literis reprehendere *id collocandi genus* ausi
» fuissent, et post eum plures multa ad eamdem rem
» pertinentia memoriæ tradidissent. Itaque accedam in
» plerisque Ciceroni, atque in iis ero, quæ indubitata
» sunt, brevior : in quibusdam paulùm fortasse dis-
» sentiam. Nam etiam cùm judicium meum ostendero,
» suum tamen legentibus relinquam. »

Vous voyez comme Quintilien se défie de lui-même.
Sa diction n'est plus décidée comme auparavant; on
voit à son style qu'il va s'égarer. Je n'oserois point,
dit-il, écrire sur la composition après Marcus

Tullius, si des hommes de son temps même, n'a-
voient repris sa manière de placer et d'arranger les
mots dans le discours. Quelle bonhommie! Quelle sagesse! Quelle heureuse prévoyance! Ah! Les motifs
de Quintilien ne me paroissent pas propres à justifier
sa témérité. La supériorité, bien prononcée, de Cicéron, devoit le décider à se taire sur un sujet qui
surpassoit sa capacité, ou s'il vouloit absolument
écrire sur une matière aussi élevée, le plus simple et
le plus sûr pour lui, étoit de se soumettre humblement aux lumières éclatantes du plus illustre et du
plus grand maître de l'éloquence latine; de peur de
nuire à sa langue maternelle et à ceux qui voudroient
l'apprendre, en publiant des préceptes erronés, ca-
pablés d'aliéner les esprits les plus sensés. C'est en
effet le mauvais service qu'il a rendu à la langue latine
et à ses amateurs. Son nom, sa qualité, sa profession
en ont imposé aux plus sages, qui n'ont pu le soupçonner d'ignorance ou de mauvaise foi, et pour qu'iles plus
rares trésors de la latinité ont été perdus par suite
d'une confiance irréfléchie. O combien sont perfides
les auteurs superficiels qui veulent dire ce qui a été dit
avant eux, bien plus parfaitement, et par des hommes
beaucoup plus distingués! En égarant l'opinion publique, ne se déclarent-ils pas les ennemis de tous les
siècles?

Des contemporains du prince des orateurs et des
grammairiens, ont osé attaquer son genre de construction. *Ejusdem ætatis homines reprehendère id
collocandi genus ausi fuerunt*, et le sage Quintilien
se range du côté de ces petits esprits! Quelle étoit
donc l'autorité de ces fameux critiques? Où sont leurs

ouvrages? Que sont devenus leurs noms? Il y avoit
du temps de Cicéron, comme il y a eu dans tous les
temps, des hommes ignares qui ne pouvoient se pro-
mettre une lueur de célébrité qu'en censurant les écrits
immortels. N'a-t-on pas vu des athées blâmer l'ouvrage de Dieu même? Qu'importe au grand Architecte
du monde? Sa gloire brille dans les cieux comme sur
la terre, tandis que les blasphémateurs sont rentrés
dans la poussière? Qu'importe à Cicéron que des
fous, que des sots, que des envieux, que des méchans
aient blâmé sa composition? Son mérite en est-il
moins éclatant? Le docte Quintilien ne devoit-il pas,
au moins, faire tous ses efforts pour apprécier la construction de Cicéron, pour mesurer l'étendue de ses
principes, et sonder la profondeur de sa doctrine? Ne
devoit-il pas, dans tous les cas, garder pour ce grand
homme le respect qu'il devoit autant à la supériorité
de son rang, qu'à la sublimité de son génie? Comment
simple rhéteur, a-t-il osé manquer à un personnage
consulaire qui a été le plus célèbre écrivain de Rome?

A-t-il voulu augmenter son crédit et son importance, en cherchant à s'élever au-dessus de son maître?
Je ne le pense pas : ce soupçon même seroit trop
odieux, il affligeroit trop l'esprit. Quintilien jaloux de
Cicéron! Non. La distance qui les séparoit étoit
trop grande ; mais les beaux jours de la langue latine
étoient déjà écoulés : le goût étoit corrompu. Il ne
faut point en aller chercher la preuve plus loin que
dans ses écrits mêmes. Quelle différence de style avec
Cicéron! Celui-ci est un soleil qui inonde l'espace des
flots de sa lumière ; celui-là n'est qu'une petite pla-
nète qui jette une clarté douteuse.

Ce qui peut l'excuser en partie, c'est que Quintilien a prévenu ses lecteurs : *Accedam in plerisque Ciceroni, atque in iis ero, quæ indubitata sunt, brevior. In quibusdam paulùm fortassè dissentiam, nam etiam cum judicium meum ostendero, suum tamen legentibus relinquam.* Ces mots, *paulum fortasse dissentiam,* font voir qu'il rougit de sa hardiesse. Au moins, d'après son aveu, qui montre de la franchise, nous pouvons ne point haïr un homme qui a fait tant de mal à la littérature latine, et par suite à la nôtre.

« In omni porro compositione tria sunt necessaria : » ordo, junctura, numerus. Primùm igitur de ordine. » Ejus observatio in verbis est singulis et contextis. » Singula sunt quæ diximus ασυνδετα, in his caven- » dum est ne decrescat oratio, et fortiori subjun- » gatur aliquid infirmius. Augeri enim debent sen- » tentiæ et insurgere ; ut optimè Cicero : *Tu,* inquit, » *istis faucibus, istis lateribus, istâ gladiatoriâ, to-* » *tius corporis firmitate.* Aliud enim majus alio super- » venit. »

Toutes les fois que Quintilien sera d'accord avec Cicéron, nous l'admirerons. Quand il s'en éloignera, nous l'abandonnerons.

« Est alius naturalis ordo, ut viros ac feminas, diem » ac noctem, ortum et occasum dicas, potiùs quàm » retrorsum. »

Ce second précepte est encore excellent. Il peut être étendu avec avantage à beaucoup de circonstances.

« Illa nimia quorumdam fecit observatio, ut voca- » bula verbis, verba rursus adverbiis, nomina appo- » sitis, et pronominibus rursùs essent priora. Nam fit » contrà quoque frequenter non indecorè. »

Quintilien a encore raison ici; mais il auroit dû dire dans quel cas *on doit placer les noms*, avant ou après les verbes, les verbes devant ou après les adverbes, les substantifs avant ou après les adjectifs et les pronoms. Cela étoit le principal objet qui devoit l'occuper.

Il ne put pas résoudre cette difficulté, comme le prouve la phrase suivante, où il rejette maladroitement la seule règle qui pouvoit le guider.

« *Nec non et illud nimiæ est superstitionis , ut* » *quæque sint tempore, ea etiam facere ordine priora*: » *non quin frequenter sit hoc melius, sed quia in—* » *terdùm plus valent ante gesta, ideòque levioribus* » *superponenda sunt.* »

Voici une hérésie grammaticale qui a eu des suites terribles.

M. le Docteur. Vous êtes bien sévère envers Quintilien.

M. le Comte. Point du tout. Son aberration volontaire et imprudente a fait perdre aux latinistes la route du vrai beau, a presque éteint le génie de la langue latine. Cicéron avoit donné un précepte aussi simple qu'admirable. Je vous le citerai tout-à-l'heure. Pourquoi le négliger, le méconnoître, le proscrire ? N'est-on pas en droit de dire à Quintilien : Quand on a de bons modèles, il faut les suivre religieusement. Faites mieux, si vous pouvez ; mais ne portez point une main sacrilége sur les principes de l'art. Ne substituez point les prestiges de votre imagination, les suggestions de votre foiblesse aux éclairs de la vérité , aux inspirations de la nature.

M. le Docteur. Expliquez-nous en quoi Quintilien a contrarié les principes de l'art.

M. le Comte. Nec non et illud nimiæ est superstitio-
nis, ut quæque sint tempore, eadem etiam facere or-
dine priora. Cicéron avoit impérieusement prescrit,
dans son Orateur, de soumettre l'ordre des mots à
celui du temps. Et Quintilien appelle la soumission à
cette règle capitale, une superstition excessive ! Ne
trouvez-vous pas dans cette expression, *nimiæ est su-*
perstitionis, quelque chose de captieux? Un impie
nie l'existence de Dieu, pour enfreindre impunément
les décrets éternels, et il traite de superstitieux l'homme
sage qui adore la Divinité et obéit à sa loi. Quintilien
nie également l'empire des temps sur l'ordre des mots,
pour violer impunément la première règle de la latinité. Et, afin de couvrir sa licence ou son incapacité,
il appelle aussi superstition l'observation de la loi
grammaticale la plus sérieuse et la plus utile. Par cette
imputation, le précepte le plus rare se trouve anéanti
tout-à-coup; car, pour ne point paroître superstitieux, les latinistes ne voudront plus se soumettre à
une règle nécessaire, mais bien gênante. Et Cicéron,
l'antique législateur de l'oraison latine, ne sera plus
qu'un être puéril, superstitieux ! Cicéron superstitieux ! en fait de latinité ! Cette conséquence n'est-
elle pas curieuse?

Quintilien a donné d'excellentes maximes dans le
cours de ses Institutions oratoires; c'est ce qui a rendu
son erreur plus fatale : parce qu'on n'étoit pas disposé
à se défier d'un auteur qui parle ordinairement le langage de la raison. Son autorité a tellement épaissi les
ténèbres, que la plupart des professeurs ont regardé
la justification de la construction latine comme impossible.

M. le Docteur. Il est vrai que j'ai entendu souvent traiter cette question superficiellement. On s'est contenté de dire toujours : C'est le génie de la langue latine qui commande les inversions. Contentons-nous de les imiter , sans nous embarrasser du reste.

M. le Comte. Et on les a mal imitées , parce que le principe qui devoit régler cette imitation , a été obscurci et renversé par Quintilien. Il ne veut pas que ce qui a précédé dans le temps , précède dans la construction de la phrase : ce qui en constitue tout le prix et toute la beauté.

M. le Docteur. Il convient, pourtant , que cet arrangement des mots est souvent le meilleur : *Non quin frequenter sit hoc melius.*

M. le Comte. Il est trop tard de le dire et de le dire ainsi. Le coup mortel est déjà porté. Les hommes en général , les savans comme les ignorans, n'aiment pas mieux que de secouer les chaînes de la contrainte, de se débarrasser du frein de la règle, et du moment que c'est une folie , une superstition d'observer l'ordre du temps dans la construction , ils se garderont bien de donner dans un tel travers , qui ralentissoit la fougue de leur imagination et la chaleur de leur composition. Vive la licence d'errer à l'aventure par sauts et par bonds! Je trouve , en outre, l'excuse de Quintilien insuffisante, *Non quin frequenter sit hoc melius, sed quia interdùm plus valent ante gesta, ideòque levioribus superponenda sunt:* C'est une superstition de faire précéder dans le discours ce qui a précédé dans le temps , non que ce parti ne soit fréquemment le meilleur à suivre , mais parce qu'il arrive, de temps en temps, que les actions antérieures sont plus intéressantes que les pos-

térieures , et qu'il faut toujours placer à la fin ce qu'il
y a de plus frappant et de plus beau , pour faire
croître apparemment l'intérêt. N'est-ce pas comme si un
historien disoit : Je sais bien que je dois commencer
mon histoire par l'origine des choses et en dérouler ensuite les évènemens selon l'ordre chronologique ; mais
comme les premières actions du peuple , dont je veux
parler, sont plus remarquables que les dernières, je vais,
pour charmer mon lecteur, commencer par la fin de
mon histoire et j'entremêlerai les évènemens , dans le
cours de mon ouvrage, suivant leur degré d'importance. C'est une folie d'observer l'ordre du temps :
j'écris pour plaire. Vous écrivez pour déplaire et
égarer , lui diroit-on. Il n'y a qu'une manière de bien
écrire , c'est de le faire régulièrement.

Dans la belle ordonnance de la phrase latine, le
précepte de Quintilien *majora levioribus superponenda sunt*, n'est qu'une règle accessoire qui ne s'applique que dans certaines parties peu importantes de
la phrase. Si l'on parle d'hommes et de femmes , du
jour et de la nuit, il est naturel de placer les hommes
avant les femmes , le jour avant la nuit, comme il le
dit lui-même. Mais cela ne doit influer en rien sur la disposition générale de la phrase. Il paroît que Quintilien
a confondu cette règle particulière de convenance avec
la règle générale de la construction. Je l'ai déjà dit ,
de son temps , le goût étoit déjà dépravé, et peut-être
qu'il fut bien aise de mettre de côté une règle qu'on
ne suivoit plus, et qui lui auroit coûté trop de peine à
pratiquer constamment , quoiqu'il l'observât quelquefois, entraîné par l'exemple et l'imitation des grands
auteurs.

Il dit bien : « Felicissimus tamen sermo est, cui
» et rectus ordo, et apta junctura, et cum his numerus
» opportune cadens contingit. » Mais puisqu'il trouble
lui-même l'ordre des règles qui devoit être inviolable,
il nous importe peu de savoir ce qu'il dit de la liaison
des mots et des nombres, d'autant plus qu'ils résultent de l'observation naturelle de la principale règle,
comme le dit fort bien Cicéron : « *De numero orato-*
» *rio.* Hoc in omnibus item partibus orationis evenit,
» ut utilitatem, ac propè necessitatem suavitas quæ-
» dam et lepos consequantur. »

Abandonnons donc ce maître, si estimable sous
tant d'autres rapports, puisqu'il ne sauroit nous aider
à légitimer la construction des Latins, que nous nous
garderons bien de confondre avec l'inversion, qui annonce un certain désordre qu'on ne peut point reprocher avec vérité à la langue latine. Tournons nos
regards et dirigeons nos idées vers Cicéron. Nous
pourrons, sans risque, embrasser sa doctrine, car on
peut bien le regarder comme compétent dans l'affaire
des constructions latines. Si l'on nous accuse de nous
tromper, en suivant les règles qu'il a fixées lui-
même, nous pourrons répondre, je crois, mon
neveu, aux plus savans d'entre les modernes : Cen-
seurs sévères, faites mieux que Cicéron, dictez des
lois de construction plus sages que celles de Cicéron. Nous nous soumettrons humblement à votre
savoir. Touvez bon, en attendant, que nous cédions
à l'autorité du prince de la latinité, qui se justifie
elle-même avec le plus grand éclat.

M. le Chevalier. L'empire des grands hommes est
tel qu'on ne peut leur résister, parce qu'ils prouvent

d'une manière irrévocable, que la raison et la gloire marchent sous leurs enseignes.

M. le Comte. « *Omnis ex re, atque verbis constat* » *oratio : neque verba sedem habere possunt, si rem* » *subtraxeris, neque res lumen, si verba semo-* » *veris.* »

Tout discours est composé de choses et de mots. Les séparer, c'est les détruire. Les grammairiens qui ont donc voulu traiter des mots, sans s'attacher à la logique et abstraction faite des pensées, ont imité la folie de ceux qui étudient la rhétorique sans s'appuyer sur la grammaire. Les uns et les autres s'égarent volontairement dans leurs constructions. Les mots doivent toujours être en rapport avec les idées.

« *Ac mihi quidem veteres illi majus quidquam* » *animo complexi, multò plus etiam vidisse viden-* » *tur, quàm quantùm nostrorum ingeniorum acies* » *intueri potest :* » et les anciens me paroissent avoir embrassé dans leurs conceptions et avoir même vu quelque chose de bien plus grand, que ce que la foiblesse de notre esprit nous permet d'entrevoir.

Si Cicéron fait ce noble aveu, et reconnoît la supériorité des anciens, d'une manière si authentique, quand il s'agit d'exprimer convenablement chaque chose par le moyen de la parole, quelle doit être la réserve et la modestie des modernes qui sont si éloignés du génie du prince des orateurs, lorsqu'ils veulent parler de la construction oratoire.

« *Qui omnia hæc, unum esse, et unâ vi, atque* » *unâ consensione naturæ constricta esse dixerunt.* »

Ces anciens ont dit que toutes ces choses qui *nous*

occupent, sont liées entr'elles par une seule puissance, par un seul et même accord de la nature.

« *Sed hæc major esse ratio videtur, quàm ut ho-*
» *minum possit sensu, aut cogitatione comprehendi.* »

Mais cette raison paroît être supérieure à l'intelligence humaine. Rassurez-vous pourtant ; Cicéron,
soutenu et inspiré par le divin Platon, s'élève au-
dessus de l'humanité.

« *Ubi enim perspecta vis est rationis ejus quâ causæ*
» *rerum, atque exitus cognoscuntur, mirus quidam*
» *omnium quasi consensus doctrinarum, concentus-*
» *que reperitur.* »

Car, dès qu'on a aperçu la force de cette raison,
qui fait connoître les causes des objets et leurs effets,
on découvre dans toutes les sciences, un accord admirable et une harmonie merveilleuse.

« *Sed si hoc quoque videtur esse altius, quàm ut*
» *id nos humi strati suscipere possimus, illud certè*
» *tamen quod amplexi sumus, quod profitemur, quod*
» *suscepimus, nosse et tenere debemus.* »

Mais si, nous qui sommes plongés dans la poussière, nous ne pouvons saisir la chaîne de toutes les
connoissances humaines, tendue dans des régions
trop élevées pour que notre foible vue puisse y péné-
trer, nous devons au moins connoître et posséder les
principes d'une langue que nous avons adoptée, que
nous parlons, que nous avons même entrepris d'enseigner aux autres.

« *Una est enim eloquentia, quascunque in oras*
» *disputationis, regionesve delata est.* »

L'éloquence est une, quelque sujet que l'on traite,
quelque pays que l'on habite.

« *Rivis est diducta oratio, non fontibus : et quo-*
» *cunque ingreditur, eodem est instructu, ornatuque*
» *comitata.* »

Ce ne sont point les fontaines, ni les réservoirs d'eau
qui forment les rivières et les fleuves, mais bien les ruis-
seaux qui descendent naturellement dans leurs lits. Ce
ne sont point non plus des amas de mots qui composent
le discours, mais bien les pensées que coulent d'elles-
mêmes dans le sujet que l'on développe : partout il a
la même forme et le même ornement, quelle que soit
d'ailleurs la matière qu'il éclaire ; comme les rivières
ont toutes, à peu près, la même figure, les mêmes
sinuosités, la même beauté, quel que soit le pays
qu'elles arrosent.

« *Sed quoniam oppressi jam sumus opinionibus,*
» *non modò vulgi, verùm etiam hominum leviter eru-*
» *ditorum, qui quæ complecti tota nequeunt, hæc*
» *faciliùs, divulsa, et quasi discerpta contrectant : et*
» *qui, tanquam ab animo corpus, sic à sententiis*
» *verba sejungunt, quorum sine interitu fieri neutrum*
» *potest, non suscipiam oratione meâ plùs quàm mihi*
» *imponitur : tantùm significabo brevi, neque ver-*
» *borum ornatum inveniri posse, non partitis, ex-*
» *pressis que sententiis, neque esse ullam sententiam*
» *illustrem sine luce verborum :* »

Mais parce que nous sommes accablés des opinions,
je ne dis pas du peuple, mais des demi-savans, qui
ne pouvant embrasser l'ensemble du système du langage humain, le démembrent pour traiter plus aisément chaque partie séparément, qui détachent les paroles des pensées, comme le corps de l'ame (ce qui
ne peut se faire sans la ruine de l'un et de l'autre), je

n'étendrai point mon analyse plus qu'il ne convient. Je dirai seulement que les mots et les pensées sont dans une dépendance réciproque, que les pensées sans le secours des paroles, restent sans expression, sans couleur et sans vie, que les mots, qui ne sont animés par aucune pensée, ne peuvent offrir aucun sens; et qu'il est absurde que des grammairiens veuillent traiter de la construction du discours latin, sans s'attacher en même temps à la liaison des idées, à la subordination des pensées.

» *Quinam igitur dicendi modus est melior, quam* » *ut latinè, ut planè, ut ornatè, ut ad id quod-* » *cumque agatur aptè congruenterque dicamus?* »

Quel est donc le meilleur mode d'élocution, si ce n'est celui de parler latin, clairement, élégamment, et convenablement. La première partie de cette belle division de Cicéron peut suffire à l'éclaircissement de notre question. Elle nous fera connoître en quoi consiste véritablement la latinité, et vous serez étonnés, Messieurs, comme je l'ai été moi-même, que des principes énoncés si brièvement, si lumineusement n'aient encore été appréciés par personne que je connoisse.

M. le Chevalier. Nous voici donc arrivés au moment décisif.

M. le Comte. Oui, mon cher neveu. Remarquez cependant que Cicéron n'écrit point ici une grammaire, mais un Traité de l'Orateur. Ne soyez donc pas surpris de lui entendre dire :

« *Atque eorum quidem, quœ duo prima dixi, ra-* » *tionem non arbitror exspectari à me, puri, dilucidi-* » *que sermonis. Linquamus igitur hœc, quœ cogita-* » *tionem habent facilem, usum necessarium.* Il ne

nous donnera point avec détail le moyen de construire
un discours pur et lucide, objet trop peu digne de son
attention ; il ne fera que résumer, en passant, les
principes de la latinité, dont l'intelligence étoit facile,
de son temps et l'usage nécessaire ; mais le peu qu'il
nous dira, vaudra une grammaire entière, bien plus
parfaite que toutes celles que nous possédons.

« *Sed omnis loquendi elegantia, quanquam expo-*
» *litur scientiâ litterarum, tamen augetur legendis*
» *oratoribus et poetis : sunt enim illi veteres, qui or-*
» *nare nondùm poterant ea quæ dicebant, omnes*
» *propè præclarè locuti : quorum sermone qui assue-*
» *facti erunt, ne cupientes quidem, poterunt loqui,*
» *nisi latinè.* »

Mais toute l'élégance de l'élocution, quoique polie
par la science, reçoit pourtant un surcroît de beauté,
de la lecture des orateurs et des poëtes : car ces anciens, qui ne pouvoient pas encore orner leurs discours, ont presque tous bien parlé ; et ceux qui seront
accoutumés à leur style, ne pourront que parler un
latin régulier, même sans le vouloir.

M. le Docteur. Voilà plusieurs fois que Cicéron
cite les anciens. Veut-il par là désigner les Grecs qui
ont brillé dans la carrière littéraire avant les Romains ?
Ou bien veut-il nous rappeler les anciens Latins ?

M. le Comte. Par anciens, nous entendons ordinairement les Grecs, par rapport aux écrivains de
Rome ; mais ici Cicéron entend bien parler des anciens
Latins. D'après ce passage et le précédent, il paroît
constant que le grand orateur ne tiroit point sa doctrine de la Grèce, mais bien des anciens auteurs latins,
tant orateurs que poëtes, dont le génie étoit si élevé,

que de son temps, on ne pouvoit plus saisir les connoissances qui leur avoient été familières. Quelle idée
avantageuse ne devons-nous donc point avoir de l'antiquité latine, dont il ne nous reste aucun monument,
puisque le plus éloquent des Romains la trouvoit si supérieure à son siècle ? Et quelle confiance ne devons-
nous pas avoir dans ses principes, quand nous voyons
clairement qu'il les a puisés à la vraie source de la bonne
latinité ? Ecoutons-le donc avec vénération, ce précepte grammatical si sublime, qu'il a, jusqu'alors,
échappé à la pénétration de tous les lecteurs et de tous
les admirateurs de Cicéron.

« *Atque, ut latiné loquamur, non solùm videndum*
» *est, ut et verba efferamus ea, quæ nemo jure re-*
» *prehendat : et ea sic et casibus, et temporibus, et*
» *genere, et numero conservemus, ut ne quid per-*
» *turbatum ac discrepans, aut præposterum sit : sed*
» *etiam lingua et spiritus, et vocis sonus est ipse mo-*
» *derandus.* »

Toutes les règles de la latinité sont contenues dans
ces lignes, il ne s'agit que de les bien expliquer. Je
vais hasarder de les traduire. Pour bien parler latin,
il faut avoir soin, non-seulement de n'employer que
des mots que personne ne puisse raisonnablement critiquer, de les conserver tellement et à leurs cas, et à
leurs temps, et à leur genre et à leur nombre, que
rien dans la phrase ne soit troublé et discordant, ni
dans un ordre de temps renversé ; mais encore il faut
régler sa prononciation, sa respiration et même le son
de sa voix.

M. le Docteur. La voilà donc cette fameuse règle,

qui doit remplir nos vœux et mettre fin à toutes nos
incertitudes !

M. le Comte. Oui, mon cher Docteur, pour en
sentir tout le prix, toute la force, toute la beauté,
faites-en, je vous prie, le commentaire.

M. le Docteur. Je ne l'entends point assez clairement pour m'en tirer avec honneur : j'aime beaucoup
mieux vous écouter.

M. le Comte. Mais le texte ne présente aucun nuage,
aucun doute.

1°. Pour parler latin il faut se servir de termes reçus
et consacrés par l'usage. Cela ne souffre aucune difficulté.

2°. Il faut mettre les noms aux cas voulus par les
mots régissans. Les cas sont une si grande richesse
chez les Latins, qu'il n'est pas étonnant que Cicéron
en fasse la première loi grammaticale, après la propriété des expressions, parce que ce sont les désinences
variées de ces cas qui permettent de construire les
phrases dans un ordre naturel. Tout le monde est à
peu près d'accord sur ce point.

3°. Ces mêmes noms doivent être mis à leurs temps,
c'est-à-dire, suivant l'ordre chronologique des évènemens qu'ils représentent, suivant leur priorité
dans la nature, enfin suivant leur antériorité : ce qui
est facile au moyen des cas qui font toujours distinguer
les nominatifs des régimes. Et remarquez bien que
cette seconde règle, qui est la base de la construction
latine, n'occupe ici le second rang que par rapport à
ce même ordre d'antériorité, car il faut nécessairement
que la règle des cas soit observée, avant de pouvoir
placer, sans confusion, les noms à la place qui leur

10 *

est assignée par le temps. L'exemple accompagne ici
la règle. Pour l'importance des choses, la règle du
temps auroit dû précéder celle des cas; mais ce n'est
pas l'intérêt des sujets qui règle la construction latine,
mais bien leur priorité dans l'ordre naturel. Or,
suivant cet ordre, les cas des noms doivent être déterminés, avant de leur faire prendre leur rang d'an-
cienneté.

4°. Les noms doivent s'accorder en genre; cela est
tout simple, quoiqu'il y ait quelquefois certaines dé-
rogations par rapport aux mots sous-entendus : ce qui
fait que le style ellyptique est bien moins régulier que
tout autre.

5°. Il faut aussi les faire accorder en nombre. Cela
se pratique régulièrement, excepté quand, à l'imitation
des Grecs, nous mettons au singulier un adjectif qui
a rapport à plusieurs substantifs, etc.

6°. Nous devons observer toutes ces règles, de
manière que rien, dans la phrase, ne soit troublé, discordant ou à contre-temps, *ne quid præposterum sit*.
Remarquez bien cette expression *præposterum*, que
nous ne pouvons pas rendre en français par un seul
mot, et qui pourtant renferme la solution de toute
la difficulté.

7°. La règle concernant la prononciation, la respiration et le son de la voix sort de la question.

M. le Docteur. Je vous ai écouté, M. le Comte,
avec toute l'attention dont je suis capable; mais je
crois que vous vous trompez dans l'explication de la
règle des temps; car, par temps, il me semble que
Cicéron a voulu parler des temps des *verbes* et non

des temps des noms qui n'en ont point dans les gram—
maires latines.

M. le Comte. Sans doute que tous les grammairiens
latins ont gardé le silence sur les temps des noms :
c'est bien là leur vice radical, la cause de leur réproba-
tion. Mais si cette règle importante, qui constitue
pour ainsi dire tout le génie de la latinité, n'est pas
consignée dans les rudimens, elle est bien solidement
établie dans Cicéron ; et bien avant qu'il la fixât dans
ses écrits, elle étoit respectée des anciens. De plus,
elle a toujours été dans la nature. Les choses exprimées
par les noms n'ont-elles pas existé dans un temps déterminé ? N'est-ce pas une grande beauté dans le discours que de peindre les objets précisément dans l'ordre
de temps qui leur convient ? Je sais bien que tous les
modernes ont entendu par temps, les temps des verbes.
Et c'est là précisément l'erreur fatale, qui a retardé
le progrès des sciences par sa funeste influence. Il est
du moins permis de penser que notre langue seroit
plus régulière, plus descriptive, si la règle des temps
des noms avoit été connue. Corneille, Racine et Boileau ont bien commencé à perfectionner notre langage
en s'appuyant sur les anciens. C'est à nous de conti-
nuer un si bel ouvrage et de faire ensorte que le règne
de Napoléon ne le cède en rien à celui de Louis XIV.

Remarquez d'ailleurs, mon cher Docteur, que la
règle des temps des verbes est bien moins sérieuse que
celle des temps des noms, puisque souvent dans le
discours on les confond par élégance. Tous les jours
on dit *je vais*, pour *j'irai.* Dans les narrations, n'est-
il pas ordinaire d'employer le présent pour le parfait,
afin d'animer le style ? Cette violation des règles est

un avantage dans la construction. Il n'en est pas de
même de la règle des temps des noms qu'on ne peut
pas enfreindre, sans détruire le génie de la latinité.
Pourquoi tous nos latinistes modernes font – ils de si
mauvais latin, quoiqu'ils observent rigoureusement
les règles de concordance et de régime, quoiqu'ils
mettent bien tous leurs verbes aux temps, nombres et
personnes prescrits par les règles communes? Parce
qu'ils n'ont pas même l'idée de la règle des temps des
noms, qui est si clairement énoncée dans le texte de
Cicéron. O déplorable aveuglement!

M. le Docteur. Ce que vous nous dites, M. le
Comte, est si nouveau que je vous prie de m'excuser,
si je ne saisis pas bien votre explication.

M. le Comte. Comment nouveau! Il y a deux à
trois mille ans que cela a été dit, écrit et buriné dans
les fastes de la littérature latine!

M. le Docteur. A la bonne heure; mais je ne suis
pas encore éclairé. D'ailleurs il ne me semble pas possible que nous soyons restés si long-temps dans l'i-
gnorance d'un principe si essentiel. Vous vous trompez, M. le Comte, vous vous trompez, en donnant
à votre *præposterum* un sens trop étendu.

M. le Comte. Ce qui a empêché de sentir la véritable signification de ce grand mot, c'est que Cicéron
n'a posé son précepte qu'en courant.

« *Faciles enim partes eæ fuerunt duæ, quas modò*
» *percucurri, vel potiùs penè præterii, latinè loquendi,*
» *planèque dicendi.* » Ces deux parties, qui concer-
nent la manière de parler latin et clairement, sont si
faciles, que je les ai pour ainsi dire passées sous silence,
et il en donne lui-même la raison sur-le-champ.

« *Neque enim conamur docere eum dicere, qui*
» *loqui nesciat : nec sperare qui latinè non possit, hunc*
» *ornatè esse dicturum : neque verò qui non dicat*
» *quod intelligamus, hunc posse quod admiremur,*
» *dicere.* »

C'est un Traité de l'Orateur qu'il compose, et non une
grammaire, nous l'avons déjà dit. Il n'en rappelle les
principales règles en passant, que parce que le talent
de l'orateur doit s'appuyer sur elles ; car, comme le
dit Cicéron, il n'est pas possible d'espérer que celui
qui ne sait point parler sa langue, devienne jamais un
orateur bien éloquent.

Mais voulez-vous connoître parfaitement le sens de
Cicéron, lisez, approfondissez ce second passage relatif
à la clarté du discours. J'espère qu'il ne vous laissera
aucun doute.

« *Latinè scilicet dicendo, verbis usitatis, ac propriè*
» *demonstrantibus ea, quæ significare ac declarari*
» *volemus sine ambiguo verbo, aut sermone, non*
» *nimis longâ continuatione verborum, non valdè*
» *productis iis quæ similitudinis causâ ex aliis rebus*
» *transferuntur; non discerptis sententiis, non præ-*
» *posteris temporibus, non confusis personis, non*
» *perturbato ordine; quid multa?* »

C'est absolument le même précepte, mais présenté
sous une autre face. En parlant latin, servez-vous des
mots propres, sans ambiguité, sans verbiage, sans
comparaisons éloignées, sans morceler les pensées,
sans renverser les temps (le mot temps est bien pris ici
dans son acception générale), sans confondre les personnes, enfin sans troubler l'ordre de la construction.
Que vous dirai-je de plus ?

M. le Docteur. Cela mérite de la réflexion.

M. le Comte. Mon cher Docteur, pesez bien ces mots : *Non discerptis sententiis, non præposteris temporibus......* *Sans diviser les pensées, sans renverser les temps.* Vous ne pouvez disconvenir que Cicéron parle du temps en général, et non pas des temps des verbes.

M. le Docteur. Mon esprit est frappé d'un autre sens que le vôtre. Je ne puis vous dire que je suis bien persuadé de la justesse de votre interprétation, quand je flotte encore.

M. le Comte. Heureusement que pour achever de vous convaincre, il me reste une dernière ressource, dont le succès est certain. Vous savez que les peintres, pour faire valoir la lumière dans leurs tableaux, ont bien soin de placer des ombres épaisses à côté, pour augmenter son éclat. Je veux imiter ce procédé. Je vous ai démontré précédemment que Quintilien étoit la première cause de l'erreur générale ; il va réparer ses torts, malgré lui peut-être, en vous ouvrant les yeux sur la vérité la plus importante de la grammaire : cette satisfaction éclatante étoit due depuis long-temps aux amans de la langue latine, qui ont trop langui dans la privation de ses charmes les plus doux. Rappelez-vous, cher Docteur, cet endroit des Institutions oratoires de Quintilien où ce rhéteur dit :

« *De compositione non equidem post Marcum Tul-*
» *lium scribere auderem, nisi et ejusdem ætatis ho-*
» *mines scriptis ad ipsum etiam literis reprehendere*
» *id collocandi genus ausi fuissent... Itaque accedam*
» *in plerisque Ciceroni..... in quibusdam paulùm*
» *fortasse dissentiam.* »

Vous l'entendez : Quintilien n'écrit sur la composition après Marcus Tullius, que parce que des hommes
de son âge ont osé reprendre sa manière d'arranger les
mots du discours, c'est-à-dire son genre de construction subordonné à l'ordre des temps. En conséquence,
il accédera à l'avis de Cicéron dans la plupart de ses
principes, mais dans certains il s'écartera un peu de
sa doctrine.

Et en quoi s'écarte-t-il des leçons de son maître ?
Il ne le dit point énigmatiquement : « *Necnon et*
» *illud nimiæ est superstitionis, ut quæque sint tem-*
» *pore, ea etiam facere ordine priora.* »

Cela est-il clair ? C'est une trop grande superstition
de faire précéder dans l'ordre de la construction, les
choses qui ont la priorité du temps. Cette erreur est-
elle assez grossière ? Et en l'approchant du texte de
Cicéron, n'en fait-elle pas briller le véritable sens ?
On diroit que Quintilien, ne pouvant nous instruire
lui-même, n'a voulu commettre une grande faute que
pour mieux relever le mérite de Cicéron, et nous
tirer tout-à-fait d'embarras.

M. le Docteur. Pour cette fois, je me rends. Il
n'appartenoit peut-être qu'à Quintilien, de dissiper
lui-même les funestes ténèbres qu'il a répandues de
son vivant.

M. le Comte. Je ne veux pas que votre adhésion à
mon opinion porte le moindre caractère de complaisance. Je viens de vous prouver que Cicéron a posé,
dans son Traité de l'Orateur, la belle règle de la construction latine ; je puis maintenant, si vous le desirez,
vous prouver que tous les bons auteurs de l'antique
Rome l'ont observée généralement.

M. le Chevalier. Ah! mon cher oncle, je ne reviens pas de mon étonnement. Si cela ne vous fatigue point trop, obligez nous de nous montrer avec quelle sagesse les auteurs latins ont appliqué dans leurs doctes écrits le principe le plus grand qui soit jamais parvenu à ma connoissance.

M. le Comte. Il est tard, Messieurs, séparons-nous. Demain je tiendrai ma promesse, si cela vous est agréable.

M. le Docteur. Quoi! Vous nous refusez la plus belle partie de votre démonstration. Je sens bien maintenant le principe de Cicéron, et je rougis d'avoir pu le contester un seul instant; mais je me joins à M. le Chevalier, pour vous prier de nous faire voir avec celle exactitude tous les auteurs latins l'ont observé.

M. le Comte. Je suis bien disposé à vous donner satisfaction; mais de même qu'un général qui, après avoir donné plusieurs assauts à son ennemi, s'est emparé de vive force d'une place de guerre importante, accorde à ses soldats victorieux quelques heures de repos, avant de faire l'inventaire des richesses qu'il a conquises et qui ne peuvent lui échapper; de même aussi, Messieurs, je crois devoir vous donner quelques heures, quelques jours même de loisir, pour vous remettre de votre longue application : vous n'en sentirez que mieux tout le prix de la victoire que nous venons de remporter à la pointe de l'épée.

FIN DE LA PREMIÈRE PARTIE.

ERRATA.

À la page 17, dernière ligne, au lieu de *n* , lisez *ne.*

Page 20, ligne 20, au lieu de : *nous n'avons ni des Virgile,
ni des Tacite,* lisez : *nous n'avons ni des Virgiles, ni des Tacites.*

Page 22, au lieu de : *J'ai cru devoir m'attacher à l'analyse des
livres élémentaires que l'on étudie trop légèrement dans l'enfance
pour en sentir le prix, et que dans la suite l'on dédaigne de consulter et d'approfondir. Quoique la grammaire me paroisse l'étude
la plus sérieuse à laquelle les jeunes gens raisonnables et même
les hommes savans doivent s'appliquer, puisqu'elle nous donne la
clef de toutes les connoissances,* lisez : *J'ai cru devoir m'attacher
à l'analyse des livres élémentaires, que l'on étudie trop légèrement
pendant l'enfance pour en sentir le prix, et que dans la suite l'on
dédaigne de consulter et d'approfondir; quoique la grammaire me
paroisse l'étude la plus sérieuse à laquelle les jeunes gens raisonnables et même les hommes savans doivent s'appliquer, puisqu'elle nous donne la clef de toutes les connoissances.*

Page 23, ligne 32, au lieu de *dicvurs,* lisez *discours.*

Page 37, ligne 6, au lieu de *putété,* lisez *pureté.*

Page 40, ligne 19, au lieu de *facilmeent,* lisez *facilement.*

Page 68, ligne 24, avant ces mots : *dans son art d'écrire*
lisez, *M. le Docteur.*

Page 95, ligne 10, au lieu de, *il dit à son sujet ?* lisez *il dit à
son sujet :*

Page 101, ligne 5, au lieu de *parìm,* lisez *partìm.*

FRISE. — Ce département, à l'O. de celui de Groningue, est formé de la province du même nom. Il est fertile en blé, et l'on y élève beaucoup de chevaux et de bestiaux. Pop. 970,000 hab.

Leuwarden, chef-lieu, est une ville grande, bien bâtie et bien fortifiée. Elle est entrecoupée de canaux, qui facilitent son commerce. Pop. 15,500 habitans.

Harlingen, à l'O., sur le *Zuydersée*, est, après Leuwarden, la plus grande ville de la Frise. Son port est assez profond pour contenir les vaisseaux les plus chargés ; mais il se trouve à son entrée un banc de sable qui est fort incommode. Ses rues sont belles et entrecoupées de canaux : elle avoit un collège d'amirauté. On fait du sel dans cette ville, et de la brique dans son voisinage. Pop. 7,500 hab.

Franeker est située sur un canal, entre Leuwarden et Harlingen. On fait de la brique dans ses environs. Pop. 3,900 hab.

GRONINGUE ET DRENTHE. = La province de Groningue est au N. de celle d'Over-Yssel. Elle a d'excellens pâturages, et les bestiaux forment presque toute la richesse de ses habitans. Le pays de Drenthe est au S. de la province de Groningue, et ils forment le département de l'*Ems-Occidental*.

EMS-OCCIDENTAL. — Ce département est au N. de celui des Bouches-de-l'Yssel. Il tire son nom de la rive occidentale de l'embouchure de l'Ems qui forme le golfe de *Dollart*. Pop. 140,000 hab.

Groningue, chef-lieu, est une ville grande et forte, située sur la *Hunse*. Les plus gros vaisseaux peuvent remonter cette rivière jusqu'à la ville ; ce qui est très-favorable au commerce des habitans. Pop. 27,377 hab.

OST-FRISE. = Cette province est au N. E. de celle de Groningue. Elle comprend la principauté d'Ost-Frise et la seigneurie de Jever qui faisoient partie de l'Allemagne. La première appartenoit à la Prusse, et la seconde à la Russie. Elles furent cédées à la Hollande le 9 juillet 1807, par le traité de Tilsit ; et, en vertu de la convention signée avec la France, le 11 novembre de la même année, elle fut réunie à ce royaume. Le territoire de l'Ost-Frise est bas dans la partie occidentale : et il seroit inondé par la mer, s'il n'en étoit pas garanti par de fortes digues. Il fournit des bestiaux, du

www.ingramcontent.com/pod-product-compliance
Lightning Source LLC
Chambersburg PA
CBHW052053090426
42739CB00010B/2158